令和の葬送

戒名はいらない！

加藤 長 著

同時代社

はじめに

二〇一九年は、日本の元号が平成から令和に変わる一つの節目の年となったが、一九八九年に始まった平成の三〇年間は、日本の葬送の歴史の中でも大きな変化の時期となった。そして今、日本の葬儀とお墓は静かだが大きい、新たな変革期に入ろうとしている。

日本人の平均寿命は、第二次世界大戦後七〇年余で倍近くに伸びた。一九四五年の終戦の年まで五〇歳未満だった平均寿命は、二〇一七年には男八一・一歳、女八七・二歳となり、男女総合では世界一の長寿国となっている。二〇一八年には一〇〇歳以上の人が七万人を超えたという報道もあった（そのうち八八％が女性）。今や八〇歳どころか九〇歳を超えても「すごく長生き」とは言われない時代になっている。

その理由は、第二次大戦後の日本は戦争のない国であったこと、乳幼児と妊産婦の死亡率の大きな減少、医療・介護水準の向上など色々ある。戦前は、戦争の連続で、徴兵制度があったために、多くの青少年が「二〇代で国のために死ぬのは当たり前」と思わされていたが、現在では「健康の許す限り生きるのが当たり前」となっている。

他方、世界の最長寿者をみると、ギネスブックが認定している歴代の最長寿者はフランスのアルルで生きたジャンヌ＝ルイーズ・カルマンさん（女性）で、一二二歳と一六四日生き、一九九七年に老衰で死亡している。しかし、最近ロシアの学者らが「これは娘のイボンヌの成りすましだからDNA鑑定が必要」と異議を申し立て、騒動が起こっている。もしカルマンさんの最長寿が怪しいとなると、その次はアメリカ人のサラ・クナウスさん（一九九九年に一一九歳で死亡）ということになる。いずれにしても還暦の約二倍生きたことになる。日本の最長寿者は田中カ子《ね》さん（一一六歳、存命中）で、一一三歳以上は日本人でも約一〇人生存している。他方、一〇〇歳過ぎても現役医師として社会への提言を続け、「長寿の代表」のように見られていた日野原重明・聖路加国際病院名誉院長は一〇五歳で死亡している（二〇一七年）。

このように見てくると、日本人が長寿になったことは事実であるが、大概は一一〇歳までに死亡しており、一二〇歳を超えた人は一人もいない。つまり、厳然として、人間には一二〇歳前後の寿命が存在しており、「人間は、他の動物と同様に必ず死ぬ」ことは誰も否定できない事実である。

日本人の年間死亡者数は、二〇一七年現在で一三一万人、今後も高齢化した団塊の世代の死亡などで死亡者は増え続けそうである。年間死亡者数は一九七三年には七〇万人だったから半世紀弱で倍近くに増え、日本は本格的な「長寿多死時代」を迎えているといえる。

当たり前のことだが、人間は「死ぬ動物」であり、同時に、「葬儀（埋葬）をする動物である」ともいえる。ホモ・サピエンスは、ホモ・フネブリス（ラテン語で葬儀をする人）でもある。

こういうと、「葬儀無用論があるのを知らないのか」との反論が出るかも知れない。「葬儀無用論」については後述するが、葬儀の定義の問題があるだけで、少なくとも人間は死体を始末する（あるいは「隠す」「破壊する」）動物であることだけは確かだろう。

そして、多くの場合、死者に対して「弔意を表する動物」である。いちばん古い例としてあげられるのは、イラクのシャニダール洞窟内で一九六〇年にアメリカの人類学者ラルフ・ソレツキーによって発掘された、今から五万年前のネアンデルタール人の遺骨である。私も東京・池袋の古代オリエント博物館で遺骨の写真パネルを見たが、その遺骨の周辺から群生植物ではないアザミ、タチアオイ、ヤグルマソウなどの花粉が発見されている。ネアンデルタール人が現在の人類の祖先かどうかについては議論があるようだが、彼らが死者を悼んで花を供えたことは歴然としており、それ以外にも、エジプトのピラミッドなどの古い時代の墳墓から同様な花のネックレスや副葬品などが発見されている。

また、日本でも、長野県・野尻湖などの縄文時代の遺跡の遺骨からも同様な花粉が発見されているし、弥生時代については、九州の吉野ヶ里遺跡の甕棺墓などで、さらに多数の埋葬遺骨や副葬品が出土している。

葬儀と墓の問題は、私たちにとって避けては通れない問題である。特に、還暦や古希を過ぎると、多くの人が喪主として親の葬儀をしたり、自分自身の葬儀や墓の問題も考えざるをえなくなる。幸い最近では、昔のように死の問題を「縁起でもない」と敬遠する風潮がなくなり、マスコミでも盛んに死や葬儀、墓の問題（これらを合わせて「葬送の問題」という）を取り上げ、一種のトレンドにもなっている。書店を覗くと、エンディングノートを何十種類も売っており、「終活」をテーマにした講演会、見学会も盛んにあちこちで開かれている。

ここで、日本の葬送問題を考える上で必要な数字をもう少しあげておく。高齢化率（六五歳以上の高齢者の比率）は、国民全体の二七％以上（二〇一八年）となり、合計特殊出生率が一・四二人（一八年）と少なくなり、少子高齢化でかつてない人口減少が進み、労働者不足の解消のため多数の外国人を迎え入れる時代になっている。日本の家族構成は、平均家族数が二・四七人（一八年）と減ってきており、一人暮らし世帯の大きい増加（全体の三四・五％＝一五年。四〇年予測は三九・三％）がみられる。

ところで、葬儀とお墓について三〇年ほど前（平成の初め頃）から、こうした人口構成の変化も一因となって、日本全体で大きな変化が起こっている。それは急激ではないが、着実に進行しており、平成というスパンをとってみれば、歴史的な大きい変化につながる公算が大きい。

「葬送の問題」は人間の一生にとって、出生や結婚と同様に重要問題だといえる。多くの宗教は、死と関連しているために存続している。しかし実際に、いざ自分が死に直面したら、「葬送の準備期間」はすでになくなっていることが多いから、元気なうちに最低限のことは学習し、熟考して準備をすることが必要であろう。

以下、読者にとって知っておきたい葬送関連の事柄を書き記した。参考にしていただければ幸いである。

令和の葬送――戒名はいらない！／目次

第二章　葬儀のいろいろ　57

第三章 仏教式葬儀の歴史と提言 103

第四章　日本でのお墓の歴史と現在の問題点　153

第一章　平成時代は葬儀とお墓が大変化

東京・巣鴨平和霊苑のもやいの碑

（一）ついに「葬送の山が動いた」

昭和から平成に移る一九八九年は、バブル経済の真っ最中で、その二年後にバブルははじけた。八九年の参院選で当時の社会党（現在の社会民主党）は大きな勝利をおさめ、初めて自民党を過半数割れに追い込む契機をつくった。このとき、社会党の党首である土井たか子は「山が動いた」と言明したが、葬送の関係者もそれにならって「ついに葬送の山が動いた」と形容したという。それから約三〇年、二〇一九年に平成の時代は終わりをつげたが、実際に、葬送分野での平成時代の変化は大きいものがあった。

A　直葬・家族葬の増加と一般化

筆者は平成最後の二〇一九年の直前に、「直葬で夫を送りました」との喪中欠礼のハガキを受け取った。すでに「直葬」（ちょくそう、仏教の僧侶は「じきそう」と読む人が多い）という言葉が、一般のハガキでも普通に使われるようになったかと驚いた。

直葬、家族葬という言葉は、平成とともに生まれ、一般化した言葉である。「直葬」は、遺族がいない人、行旅死亡人などを行政の責任で葬るとき、つまり「福祉葬」をするとき、以前から行われていたが、通夜や告別式などを省略した火葬方式が普及する中で、雑誌「ＳＯＧＩ」の編集長である碑文谷創氏が命名したものと言われている。家族葬もバブル崩壊後に葬儀の参列者が減る中で、「主として家族だけが参列する葬儀」として葬儀社やマスコミ関係者が使い始めた言葉だ。そして、双方の言葉とも、平成の時代に一般に広く使われるようになり、今では、旧来の葬儀を一般葬というのに対して、「小さめの葬儀」について、直葬、家族葬と呼ばれるようになっている。

身内だけの小規模の葬儀については、昔から「密葬」という言葉があり、今でも使われているが、密葬は本来「本葬」に先立って火葬をする場合に使われるのが普通で、「秘密」を意識させて語感がよくないこともあって、「直葬」「火葬（式）」と併用されるようになっている。直葬の参加者は通常一〇人以下、家族葬は三〇人以下くらいの参列者の葬儀の場合に使われるようだが、厳密な定義があるわけではない。二〇一四年に死去した俳優の高倉健、菅原文太らが密葬で葬られ、お別れの会もしなかったことで衝撃を与えた（高倉健の死去に当たっては全国四ヵ所に献花台を設けて約三五〇〇人のファンが献花した）。

直葬は、発生の経緯からいって、葬儀には多額のお金がかかるので、身内だけ（親しい友人が加わることもある）の小規模で安価な葬儀（合計費用が二〇～三〇万円）をさす言葉である。しかし、直葬をおこなう人は必ずしもお金がない人ばかりでなく、お金はあっても故人の遺志で身内だけの葬儀にしたり、無宗教の葬儀をしたいために近親者だけの小規模な葬儀をしたりする場合も多い。家族葬も同様であるが、家族葬は、遺族と親族の他に親しい友人なども招いて、葬儀礼をするので、直葬よりは大きめになる（費用は五〇～一〇〇万円）。そして、家族葬より多くの参列者がある場合を一般葬と呼んでいる。

直葬、家族葬が一般化した背景としては、高齢の死亡者の場合は、老人ホームなどに入っていたりして本人の知人はごく少なくなっており、喪主も退職して時がたち、社会的コネクションが少なくなっていること、日本では一般葬の費用が二〇〇万円前後と諸外国に比べても特別高額で、とくに、宗教関係の費用や高額の飲食費などは見栄と世間体にすぎず、虚礼を廃したいと考える人が多くなっていることが要因とみられている。日本消費者協会の第一一回アンケート調査（二〇一七年）では、葬儀費用全体の平均は一九五万七〇〇〇円と一〇年前よりは大分少なくなっているものの、寺院への費用が四七万円、飲食接待費が三〇万円余と依然高額の費用が使われている。この調査によると、回答者の四一％はこの金額を「適当」と考えているが、三四％が「形式的になりすぎ」、「もっと質素に」が一九・五％、「世間体にこだわりすぎ」が一五％などとなっている。

家族葬は、通常、参加者が一〇人から三〇人程度で、葬送研究家（第一生命経済研究所主席研究員）の小谷みどり氏は、「故人の意見が尊重されるようになった。その結果、見栄や世間体を気にした豪華な葬儀より、個人をしのぶ十分な時間が持て、金銭的な負担も少ない家族葬の需要が急速に高まった」とコメントしている。

もう一つ、最近になって多くなっているものとして、通夜を省略して、法律で決められた二四時間以上後に葬儀を行う「一日葬」「ワンデイ・セレモニー」がある。大多数の場合は、通夜の翌日に葬儀・告別式を行っているが、参列者の勤務の都合で通夜の参加者が葬儀より多くなったり、「双方（二日間）出るのは過重で時間の無駄」などの意見がでたりするためである。これも、従来の葬儀のあり方への批判が動機となった葬儀方式だといえる。

では、これらの葬儀の種類の割合はどうなっているであろうか。二〇一五年の「月刊仏事」（鎌倉新書）によると、一般葬が四二％、家族葬が三二％、直送が一六％、一日葬が九％とされている。一般葬が半数以下になり、家族葬と直葬の合計がそれを上回るように

家族葬で祭壇に献花をする少女

なっていることがわかる。この数字が、全体の動向を反映しているとすると、すでに主流は家族葬になっているといえる。
これは全国の数字であるが、東京では直葬が二〇%に達しているとする見方もある。これだけのパーセンテージになれば、早晩、全国の葬儀の動向に大きく影響することは確実である。また、神奈川生協が運営している葬儀業「ゆきげ」によると、「ゆきげ」の葬儀参列者数(平均)は一九九六年が一八〇人、〇五年が一〇〇人、一三年が四六人と急下降している。
なお、直葬(火葬式)が通夜や葬儀を省略しているといっても、火葬場の炉前で僧侶が読経することも少なくなく、「必ずしも死者を送ることをないがしろにしているわけではない」という指摘もある。

直葬が特に、都市部での葬送のあり方に牽引されながら平成の時代に増えたことについて、僧侶の間には、「まだ都市部だけの現象だ」「それほど懸念することではない」と楽観視する向きもあるが、長野県松本市の神宮寺で葬儀の改革のため奔走している高橋卓志住職は、「直葬の広がりが生むものは、単に坊さんたちを葬儀から外すという問題だけではない。それは、時代というものが葬儀のカタチを大きく変えながら、檀家システムそのものを崩壊させていく序曲と考えなければならないと思うのである」「システム疲労は蓄積し、一気に檀家システムは流動化し崩壊に向かっていく可能性がある」（『寺よ、変われ』、岩波新書）とシビアな見方をしている。

また、ジャーナリストで浄土宗僧侶の鵜飼秀徳・副住職は、次のように指摘している。「国学院大学副学長の石井研士氏は、二〇四〇年までに現在七万七〇〇〇ある寺院のうち三五〜四〇パーセントが『消滅する』可能性があると指摘している。各宗門が数年おきに実施している『宗勢調査』を見ても、『後継者がいない』と回答している寺院は三〇〜四〇パーセントに上る」（『無葬社会』二〇一六年）

B　激減した自宅葬

昭和の時代は自宅葬が主流で、一九八三年でも葬儀場での葬儀は五・二％に過ぎなかった。ところが八〇年代に火葬場が斎場を併設したり、葬儀社による葬儀場建設ラッシュが進んだりして、平成四（一九九二）年には、自宅葬はやっと過半数を維持するところまで減り、二〇〇三年には斎場葬は五五％まで増えた。そして自宅葬は二〇％を割り、以後二〇一〇年には自宅葬は珍しくなった。その背景には、農村部、都市部を問わず、葬儀の準備や片付けをするのに自宅ではプライバシー保護も困難という面と、近隣の「葬式組」が機能困難になったことがある。また、住民意識として公民館や団地の集会所を葬儀に使用することへの忌避感が強まったこともある。農村部でも、葬儀社やＪＡ（農協）、生協などの葬儀が急速に一般化し普及していった。葬儀風景も、自宅の周囲に花輪が一杯並んだり、霊柩車が走り回ることはなくなり、葬儀が住民の目から隠されるようになった。今では、葬儀社などが新たに葬儀場を建設しようとしても、自治体が火葬場を新設しようとしても、住民の反対運動などでトラブルが発生し、難しくなっている。

C　葬儀をしない著名人の登場

葬儀をしない著名人としては、戦前では中江兆民、戦後では白洲次郎などが有名である。中江兆民（一八四七〜一九〇一）は土佐（高知）出身で自由民権運動リーダーとして活躍した。フランス留学と私塾開設、J＝J・ルソーの思想の日本への紹介、自由党の創設と第一回帝国議会議員、『三酔人経綸問答』『一年有半』などの著者として明治時代では超有名人であったが、絶筆となる「続一年有半」と遺言で「葬式無用、戒名不要」の立場を明らかにし、家族にもその旨を言い置いた。遺体は兆民の遺志で解剖のため献体された。困った家族は、兆民が死去した後、同じ高知出身の板垣退助・元内相らに相談したところ、「葬式はしなくてもいいが、そのかわり無宗教の告別式をしたらどうか」と助言された。青山葬儀所でおこなわれた告別式は、「日本最初の告別式」として、今にその名を残している。告別式には、各政党の幹部、議員、門下生、報道関係者など約一〇〇〇人が参加し、宗教色はなく、参列者のスピーチや詩の朗読などが行われた（なお、青山霊園には、弟子たちが建てた兆民の石の墓標が残されている）。

白洲次郎（一九〇二〜一九八五）は、戦前イギリスのケンブリッジ大学に留学し、戦後は吉田茂首相のもとで占領軍との調整にあたって、日本国憲法作成にもタッチし、貿易庁長官もつとめた人物だが、兆民と同様に葬式無用、戒名不要の立場を表明した。遺族の白洲正子夫人もその遺言通りの葬送をし、夫人もこれに倣っている。

一九九二年五月に死去した漫画「サザエさん」の作者・長谷川町子は、亡くなった際に身内だけで葬儀をすませ、納骨が終わった六月末までその死は公表されなかった。そして、公表後もお別れ会や偲ぶ会は行われなかった。翌一九九三年死去した井伏鱒二（作家）、野坂参三（元日本共産党議長）などについても、同様に葬儀・告別式は行われなかった。

超有名人と言うわけではないが、仏教学者で浄土教の研究者として有名な石田瑞麿《みずまろ》は一九九九年に死去した際、「葬式も墓も無用」と遺言し、三ヵ月間死を隠し通した。石田は死後の世界を解説した源信（平安時代）の『往生要集』を現代語訳したほか、鑑真や親鸞の研究者としても知られているだけに、関係者に衝撃を与えた。

さらに、二〇一五年九月に死去した昭和の大女優・原節子については、死後二ヵ月半経ってから死去の報道がされたが、葬儀、埋葬については明らかにされていない。もっとも、原節子は、一九六〇年代以降半世紀間、世間から身を隠して暮らしていたので、「神奈川県の鎌倉市で蟄居しているらしい」程度しか伝えられていない。

青山葬儀所で送られた著名人（1974年以降、人数は参列者の推定数）

美空ひばり	1989年	歌手	5万人
忌野清志郎	2009年	歌手	4万2千人
坂井泉水	2007年	歌手	4万人
石原裕次郎	1987年	俳優	3万5千人
いかりや長介	2004年	タレント	1万人
手塚治虫	1989年	漫画家	1万人
西城秀樹	2018年	歌手	1万人
大山倍達	1994年	空手家	6千人
田中角栄	1993年	元首相	5千人
森光子	2012年	女優	2千3百人

長谷川町子のように、葬儀・告別式を行わなかった有名人は、毎年丹念にフォローすれば相当の数になると思われるが、「長谷川町子さえ葬式をしなかったのだから、私もならってもいいだろう」という形で、世に大きい影響を与え、葬儀の簡略化、地味葬化の動きに拍車をかけたことは疑いない。

ついでに挙げておくと、一九九三年二月に「ターキー」こと水の江瀧子が「生前葬」を行ったことは、当時はまだ珍しかったこともあって、マスコミで大きく報道された（水の江瀧子はその一六年後の二〇〇九年一一月九四歳で老衰で死去）。「生前葬」は、朝ドラ「まんぷく」の中でも行われるなど、その後多くの人が行うようになっている。

（二）多様化するお墓

お墓についても、平成の時代は多くの変化があり、今後さらに変化する可能性を示唆している。

私たちが、ふだん旅行や散歩の際に見かけるお墓は、角柱型の石塔が密集したものが多く、「日本のお墓は大部分こんなもので、変化する可能性は少ない」と思っている人が多いかも知れない。しかし、平成の時代に起こった変化のあとをみると、実際には「お墓は静かに大きく変わりつつある」と考えた方がよいだろう。今の角柱型墓石が作られたのはせいぜい一〇〇年余り前からで、その前の江戸時代は、お墓をつくる人自体が少なかったし、元禄、享保、寛政などの江戸時代中期以降につくられたお寺の墓地は、墓石の背丈が低く厚さも薄い型であることに気付く。また、最近の墓地は、洋型墓石が並ぶものが多数派で、デザイン墓、両家墓なども多く、さらに、永代供養墓（合祀墓、合葬共同墓）・納骨堂、樹木葬墓地、さらにはお墓のない散骨や、骨壺を家に保管したり、手元供養をしたりする人が平成の時代に多くなっている。これについては、一部の葬送研究者から、「死者の埋葬される権利と尊厳が尊重されていない」との声もでている。

A　永代供養墓（合祀場、合葬式共同墓）の登場

一九八九年に新潟県の巻町（現新潟市）の日蓮宗・妙光寺で「安穏廟」という名の永代供養墓が作られた。お椀を伏せたような直径一八メートルの円墳の外周に一〇八個の御影石の墓碑銘板とカロウト（納骨室）からなる小さい墓がつくられ、墓の継承者がいなくても宗派や血縁にこだわらず寺が続く限り利用できるようにした。同寺院の小川英爾住職のイニシアチブでつくられたものだが、新潟県だけでなく、全国から利用者が集まり、特に女性から「家に縛られないお墓」として歓迎された。継承者がいない人は一定の期間（三五〇〇円の年会費が払われなくなって一三年）が経ってから円墳の真ん中にある合祀スペースに骨を移し、合同で供養している。夏にはフェスティバルが開かれるなど年四回の供養祭が行われ、全国から供養者が集まる。第二、第三、第四の円墳墓もつくられ、生前申し込みと利用者の交流が様々はかられている。値段も数十万円と手ごろなことがあって、墓を長続きさせる準備が整えられている。これが先駆けとなって、永代供養墓は全国に波及

妙光寺のホームページより

していった。なお、永代供養墓の第一号は、その四年前の一九八五年に比叡山延暦寺でつくられた久遠墓とされている。

同じ八九年の末に、東京・巣鴨の「すがも平和霊苑」に「もやいの碑」が建立された。やはり継承者や血縁の有無、宗教の如何にかかわらず、合祀され、銘板に氏名と生年、没年が表示される。ここも生前から「もやいの会」で交流が行われている。一二万円以下と値段が安く、会員数は四〇〇〇人以上、納骨された人は一〇〇〇人以上に上っている。また、この「もやいの碑」建立の中心になった松島如戒氏らが、生前からの任意契約による「りすシステム」をつくり、生前から死後にかけての助け合いを行うシステムが作られている。つまり、一人住まいの人でも死後、組織の援助でここに埋葬されるようになった（詳しくは第五章を参照）。

また、第二次世界大戦中に多くの若い男性が死去したことから、多くの女性が独身で通すことを余儀なくされたが、これら

「女たちの共同墓」（府中市の「ふれあいパーク」）

の女性たちが「女の碑の会」をつくり、一九七九年、京都府の常寂光寺（日蓮宗）に一九九〇年に「女の碑」という記念碑、一九九〇年に志縁廟という名の永代供養の納骨堂を建てた。血縁ではなく志を同じくする者の墓の意味でこの名がつけられた。墓碑には市川房枝元参院議員が書いた「女ひとり生きここに平和を希う」という文字が刻まれている。なお。「女の碑の会」は二〇〇一年に「所期の目標を達成した」として解散し、新規募集を停止した。

「女の碑の会」の活動に触発されて、女性だけの墓として、NPO法人「SSS（スリーエス）ネットワーク」が東京府中市の民営墓地「ふれあいパーク」の一角に二〇〇〇年に建てた「女たちの共同墓」がある。ノンフィクション作家の松原惇子さんらが法人を立ち上げ、「個を生きる女性たちここに集う」と墓碑に刻印した芝生墓地で、スリーエスは「シングル」「スマイル」「シニアライフ」を意味する。会員は四〇代から九〇代まで約九〇〇人、お墓の契約者はその半分ほど。入会金一万円、年会費一万円、お墓の契約は二八万円だという。地下に多数の遺骨を埋葬できる仕組みになっている。

このほか、京都府の小町堂、東京の新宿瑠璃光院白蓮華堂の女性専用区画など、女性専用の納骨施設が何ヵ所もできている。

東京新宿区四谷の四〇〇年の歴史を持つ古刹、曹洞宗の東長寺は、周囲をビルに囲まれた都心立地の寺である。一九九六年、生前募集の永代供養墓のため「縁の会」をつくり、完成後はさらに「結の会」をつくって、新たな会員を募集し、さまざまな生前交流を行っている（永代供養墓の申し込みは約八〇万円）。墓選びの理由としては「子どもや親族に迷惑をかけたくない」、「永代供養があり、入会後に費用がかからないところが良い」などの点があげられている。東長寺の永代供養墓では契約者に生前から戒名が与えられる。

同様な永代供養墓は、その後全国に数多くつくられ、多くは一定の期間永代供養墓で供養をしたのち、合祀墓に移して存続するシステムがつくられている。永代供養墓は、会員

東京四谷の東長寺

が生前から交流し、ニュースレターを発行するなど様々な工夫をし、脱継承墓として墓の継承者がいない人、将来いなくなる可能性がある人たちから人気を集めている。
永代供養墓はまた、合葬墓（合祀墓）で、近年では納骨堂の形をとることが多いが、公営墓地でも、横浜市の日野公園墓地、都営の小平霊園の合葬墓など合祀される墓がふえている。なお、「永代供養墓」という名称には仏教寺院墓地の響きが強いとして、「合葬式共同墓」「合祀墓」などという一般名称を使った方がよい、との指摘もされている。
合葬式共同墓については、古くから石川県珠洲市三崎町大屋のハカドウ（一つの村が一つの共同納骨堂を建立、一八三六年）、秋田市雄和平沢字水沢の総墓（そうはか、一族の墓）などでも見られたところであり、こうしたモデルにならって、細野雲外は一九三二年に著書『不滅の墳墓』で合葬式共同納骨堂を全国で建てることを提起していた。しかし、平成時代につくられた新たな永代供養墓は、墓を共有することを前提に、生前の交流や合同慰霊祭を意識的に行うことを重視していることが、戦前の合葬式共同納骨堂と異なる点である。

それと、平成になって増えたのは、期限付きのお墓である。一九九二年に千葉県浦安市の公営の浦安市墓地公園に三〇年期限のお墓がつくられたほか、町田市のいずみ浄苑に三三年の期限付き墓地がつくられた。また、東京都立の小平霊園、八柱霊園では合葬埋蔵施設の使用期限を二〇年間と定め、使用期間内は骨壺に入った状態で個別に安置されるが、その後は地下に共同合祀される形をとっている。横浜市や川崎市、相模原市では家族で使用できる墓の使用期間を一〇年とし、一〇年ごとに更新していく区画があり、更新されない場合には別の場所に合祀される。さいたま市の「思い出の里」市営霊園にも二〇〇二年に合葬墓地がつくられ、二〇年間は骨壺にいれた状態で保存するが、その後は同施設内の納骨室に共同合祀される方式をとっている。さらに、最近は、全国の寺院墓地でも期限付きの永代供養墓がつくられるようになった。期限付き墓地は、お墓を多くの人たちが平等に使用できるとして、その理念が広範な市民に支持されている。

フランスやドイツ、オーストリアなどでは今や、期限付き墓地が主流になってきている。一〇年とか二〇年、三〇年など一定の期間は期限付き契約で普通の墓地として機能するが、それを過ぎれば契約を延長するか、遺骨を合葬墓に移して合祀されるものである。その墓の期限もかつてより短くなる傾向にある。

B　納骨堂の急速な増加

平成時代の後半になって、特に急速に数が増加したのが納骨堂である。

納骨堂は明治、大正の時代からあり、歴史は古いが、昭和の経済成長期に大きく増えた。墓に代わる省スペース、省経費の建造物であり、特に北海道や、福岡、大分などの九州各県に多くみられるが、平成になって、永代供養墓と連動して、単なる遺骨の一時預かり所ではなく、永代供養墓的納骨堂として都市部で多くつくられるようになっている。

現在の墓地埋葬法では納骨堂は、「焼骨を収蔵する施設」と位置付けられており、都道府県知事の許可が必要である。納骨堂の価格は三〇万円台から二〇〇万円以上の豪華なものまであるが、五〇万円前後が相場のようである。都立霊園でも多摩霊園に「みたま堂」というドーム型の納骨堂（一万体以上を収蔵）がつくられたほか、八柱霊園、雑司ヶ谷霊園などにも設置されている。

また、東京には、ベルトコンベアを使った自動搬送式納骨堂で、埋葬件数が多いものが一〇ヵ所以上できており、立地が都心部で供養しやすいとして人気がある。自動搬送式で延べ一〇〇〇基を超える大規模な室内墓（納骨堂）がつくられたのは二〇〇二年で、文京区本郷の浄土真宗大谷派・興安寺だったが、その後十数年で、「宗派不問」を掲げて多くの寺院が同様な収容人数の多い室内納骨堂を建設するようになった。そして名古屋、大坂など他の都市にも広がっていった。

二〇一六年現在、日本の墓地総数は八七万ヵ所あるが、これとは別に納骨堂の総数は一万五〇〇〇ヵ所前後に上る。納骨堂の数はこの一〇数年、都市部を中心に急速な勢いで増えている。納骨堂は、棚型、ロッカー型、仏壇型、自動搬送式と様々だが、いずれもかつての遺骨の一時預かり所ではなく、旧来の墓の代わりの「恒久的焼骨収蔵施設」として活用されている。自動搬送式でＩＣカードをかざせば骨壺が出てくる方式に抵抗がある人で

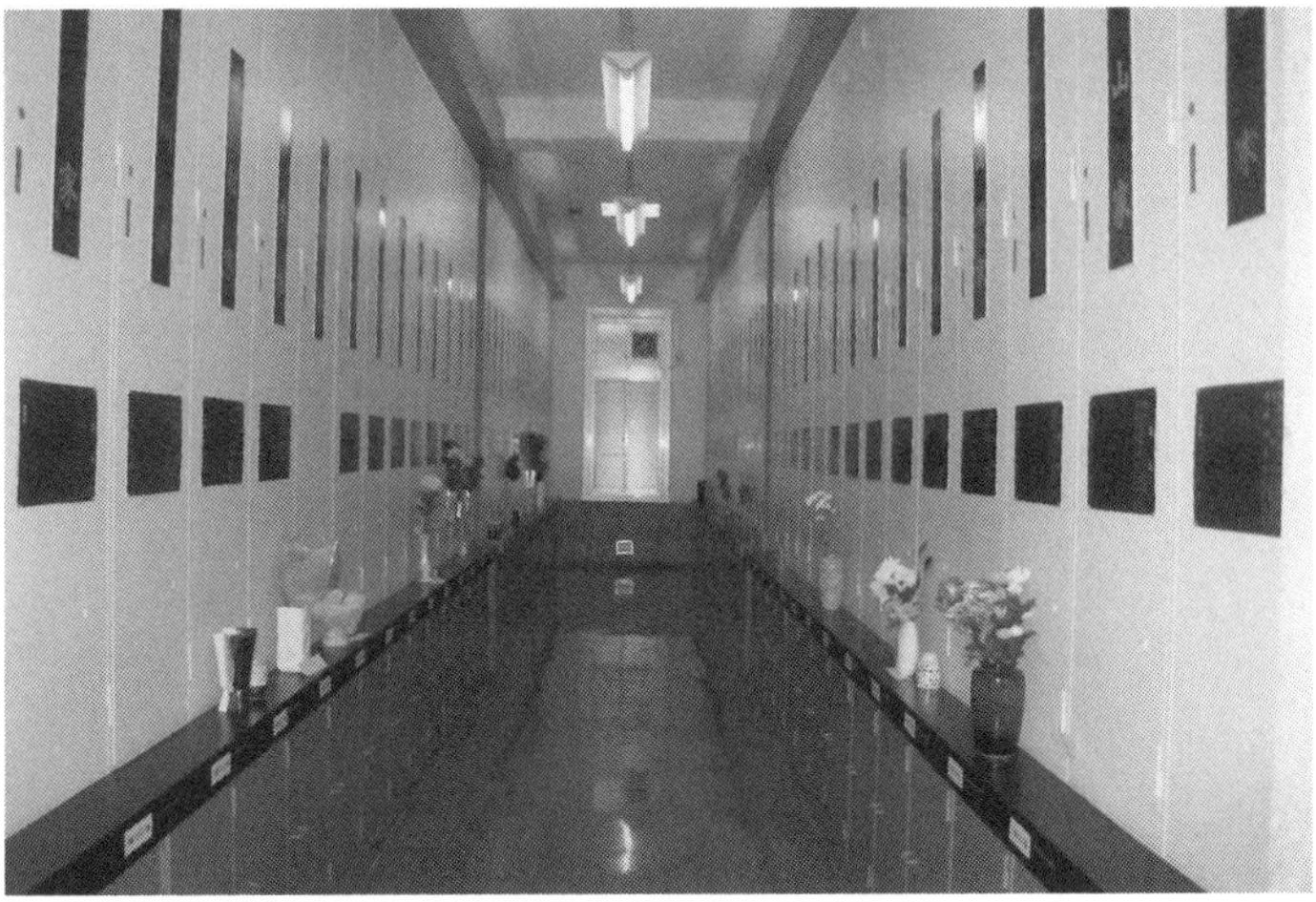
東京・雑司ヶ谷霊園の納骨堂（ロッカー型）

も、墓を買うほど多額の出費をしたくない人が、仏壇型、ロッカー型などの納骨施設に賛同している。多くは寺の販売代行業者が、「宗派不問」ということで、大きく宣伝して売り出している。例えば、「（株）はせがわ」は、この納骨堂販売代行業の最大手として、二〇〇九年から参入し、二〇一八年九月までに、東京都に六ヵ所（赤坂、新宿、小石川、信濃町、経堂、池袋）、それに川崎と名古屋などで販売をしている。同社のアンケートによると、「近くて便利」、「安価」「手軽」などが利用者の購入の決め手となっているという。自動搬送式の大型納骨堂を建てるには数十億円かかるから、多くは、販売代行業者などがスポンサーとして投資して納骨堂の影の実力者となっているとの見方が強い。

それらの納骨堂では永代供養墓を併設しているところも多く、遺骨の継承者がいなくなった場合、永代供養墓に合祀する仕組みになっている。

C　散骨

一九九一年一〇月五日、「葬送の自由をすすめる会」は、相模湾の海原に粉状にした遺骨を撒いた。同会は、それより三〇年近く前に失恋を理由に二八歳で自殺した女性の遺骨を粉状にして、船を沖合に出して第一号として散骨した。それまでは、散骨は違法と考えられていたが、これを機に、厚生省と法務省は、葬法の一つとして節度をもって行えば、散骨は「墓地・埋葬等に関する法律（墓埋法）」にも、刑法の遺骨遺棄罪にも該当しないとして、法律の枠外として追認する見解を発表し、これを機に散骨の流れができあがった。その後平成の二八年間で、同会は四二〇〇人以上の散骨をおこなっている。

その四年前の八七年に死亡した俳優の石原裕次郎は、海をこよなく愛したことから、兄の慎太郎氏は海へ遺骨を撒くことを表明したが、法に抵触するとの周囲の声をうけてこれ

散骨者を偲ぶ「想い出クルーズ」で海に撒かれた花びら
(葬送の自由をすすめる会提供)

を断念した経緯があった。しかし、「葬送の自由をすすめる会」の行動によって、散骨は黙認された形になり、以後海や陸に散骨する動きが各地に広がり、海上と陸上への散骨業者が続出した（石原裕次郎については後に海洋葬が行われ、一部の遺灰が分骨して散骨された）。

同会は、必ず骨を粉状に砕く、海の水に溶けないものは撒かない、釣り人、海水浴客など周囲の人の迷惑を避けて沖合にでるよう気を配るなどのガイドラインを決めて、それを守って散骨する態度を守っている。

ところが、業者の一部には、こうしたガイドラインを守らずに、骨を細かく砕かず陸上に散骨したものがあり（北海道長沼町）、同町では散骨禁止の条例を決めた。これには、秩父市（埼玉県）、諏訪市（長野県）、御殿場市（静岡県）なども続いて、散骨規制の条例を決めた。また、熱海、伊東の両市では海岸線から約一〇キロ以内は散骨を禁止するなどの条例を決めている。このように、ほかにも条例をつくる動きがでて、特に陸上や湖への散骨は厳しくなっている（葬送の自由をすすめる会では陸上の散骨は全体の一〇分の一程度と推定している）。

「葬送の自由をすすめる会」では、国家当局が「法の枠外」というあいまいな黙認ではなく、墓地埋葬法に代わる葬送基本法をつくってきちんと散骨を認めることや、国立公園を散骨可能にすることなどを要求して、散骨を継続する一方で、自然葬公認の運動を進めている。また、同会では、『墓は心の中に』（安田睦彦元会長の著書の表題）のスローガンで、散骨では墓がつくれないとの周囲の批判にこたえるとともに、散骨は万葉の昔から日本で行なわれてきた「自然葬」であるとして、いっそう推進する立場をとっている。同会の槇野卓司事務局長によると、同会は「入会申込書」とともに年会費三〇〇〇円を払えば入会でき、全国に八つの支部ができているという。散骨の他に、模擬自然葬も行っており、遊覧船をチャーターして沖合にでて散骨の予行演習をしている。また、会として散骨する場合には立会人を置くことにしており、立会人には散骨の計画書、報告書の提出を義務付けている。現在同会は、「感想文集」も作成中という。

近隣の中国、韓国やアメリカ・カリフォルニア州など諸外国では、散骨を認め、推進する国も増えている。なお、散骨は仏教を排除するものではなく、僧侶の同乗する船の上で、遺族らが散骨し、法要を行った例もある。

民間の業者が増えたことで、最近では日本での年間総散骨数は一万件を超えるとの推定もだされている。散骨業者は日本海洋散骨協会の正会員が約四〇社、副業で散骨をしている業者を含めると一〇〇～二〇〇社に及ぶという。ハウスボートクラブ（村田ますみ代表）のような大手業者は、自前の船を持ち、多数の件数の散骨をおこなっている。全国海洋散骨船協会もつくられ、約一〇社が参加している。散骨の際には、船で沖合にでて、遺族等が遺灰を撒くのが普通（単独か相乗りかで料金が異なる）であるが、中には諸事情で遺族が参加せずに業者に散骨を委託するケース（値段が格安）もあり、「埋葬が金儲け主義に利用されている」との批判も一部の学者からでている。散骨の値段は、個人葬で二五万円、合同葬でひとり一〇万円、委託散骨で三～五万円程度といわれる。

散骨については、当初は世論調査で国民の批判的意見が強かったが、散骨が定着する中

散骨された有名人

外国人

インドの活動家　マハトマ・ガンジー（ガンジス川と南ア沖、1948年）
中国の周恩来首相（揚子江、1976年）
中国の人権活動家・劉暁波（中国領海内、2017年）
フランスの俳優　ジャン・ギャバン（ブルターニュ半島沖、1976年）
女優　ビビアン・リー（ロンドン、1967年）
女優　イングリド・バーグマン（スウェーデンの海、1982年）
ギリシャ生まれのオペラ歌手　マリア・カラス（エーゲ海、1977年）
原子物理学者　アインシュタイン（米東部のデラウエアー川、1955年）
ドイツの著名な思想家　F・エンゲルス（ドーバー海峡、1895年）
イギリスのミュージシャン　ジョン・レノン（散骨地不明、1980年）
元駐日米大使　ライシャワー（カリフォルニア沖の太平洋、1990年）

日本人

女優・沢村貞子（相模湾、1996年）
作曲家・いずみ・たく（相模湾、1992年）
囲碁棋士・藤沢秀行（周防灘、2009年）
俳優・勝新太郎（ハワイのワイキキ沖、1997年）
落語家・立川談志（ハワイ沖、2011年）
漫才師・横山やすし（広島県宮島競艇場、1996年）
歌手・藤圭子（散骨地不明、2013年）
映画監督・新藤兼人（広島県宿祢島付近の海、2012年）
女優・音羽信子（広島県宿祢島付近の海、1994年）

で、「自分は散骨したいわけではないが、他の人がするのは容認する」との意見が多数になっている。その背景には、話題の映画「マディソン郡の橋」「世界の中心で愛を叫ぶ」や高倉健主演の映画「あなたへ」（二〇一二年公開）の散骨シーンの影響もあると、指摘されている。

散骨とは異なるが、似たものに「ゼロ葬」がある。宗教学者の島田裕巳氏が提唱したもので、遺族が火葬場から遺骨を引き取らないようにし、火葬場等に合祀墓への納骨をまかせるものである。関西の火葬場では、これを容認する火葬場が少なくないが、関東では条例などで遺骨の引き取りを義務付けているところが大部分である（詳細は第四章）。

D　樹木葬

樹木葬が初めて行われたのは一九九九年で、散骨開始より八年遅れた。岩手県一関市の臨済宗・祥雲寺の千坂嵃峰住職が初めて行い注目された。千坂住職らは墓地として行政の許可を得たうえで、里山で骨壺から出した遺骨を土に埋め、地域の植生に合わせて背の低い樹木を選んで墓碑の代わりに植える方式をとった。墓標をつくらず、樹木が目印になるようにしたものである。墓地使用料と環境整備費の合計で永代使用料は五〇万円。自然葬の一つとして、遺骨が大地に還る方式は多くの人々の支持をえて、東北近県だけでなく、関東などでも樹木葬を選ぶ遺族が増え、同寺の別院知勝院では第二の樹木葬墓地も近くの里山につくった。自然回帰のシンボルという点と同時に、残された遺族に迷惑をかけないで済むこと、お金が高くなく「エコなお墓」であることが人心を掴んだようである。千坂氏らは、生前から会員の交流と見学者ツアーを組織しつつ、定期的に供養の機会をつくるなどしている。

千坂氏らに続いて二〇〇五年、都市部の東京都町田市で「桜葬」という名の樹木葬墓地をつくったのが、元東洋大教授・ルポライターの、井上治代氏らのエンディングセンターのグループである。井上治代氏らは一九九〇年頃から「二一世紀の結縁と墓（のちに葬送と変更）を考える会」をつくって葬送分野の改革を手がけ、永代供養墓「安穏廟」の調査・普及や祥雲寺の樹木葬墓地づくりに協力してきたが、女性を中心としたNPO組織を立ち上げ、自ら樹木葬墓地を都市部でつくった。個別区画に墓標は立てず、骨壺からだして直接骨を埋め土に返す方式で、近くに埋葬者の名前を刻める共同の銘板をつくっている。文字通り、桜の木の下に樹木葬墓地をつくり、春には遺族や支持者らが集まって桜の

「桜葬」墓地で樹木葬について説明する井上治代さん

樹の下で死者への供養をするようにしている（すでに一三年間で二千数百人を埋葬）。定期的に「墓友《はかとも》」の交流会や講演会、サークル活動なども実施している。井上氏は、女性が墓を継承できない日本の制度に矛盾を感じて、脱継承墓をつくる運動に加わったことを自らの著書に書いている。井上氏らは、町田市に続いて、大阪・高槻市にも樹木葬墓地をつくったり、町田市の樹木葬墓地を周囲の傾斜地に拡充したりするなど、活発な活動を続けている。

東京都立の小平霊園では、二〇一二年に、樹木を墓標にして芝生のある地中に遺骨を埋める「樹林墓地」「樹木葬墓地」の募集を始めたが、五〇〇人の募集定員に対して一六倍以上の申し込みがあり、特に生前申し込み分は二一倍を超えた。東京都立の霊園墓地は一般のお墓でも七倍程度の応募があり抽選で決められているが、樹木葬墓地は、お金の安さ（一三万円強）と共に自然回帰方式によって、市民の間で人気が強いことが改めて示された。

樹木葬墓地は、平成の時代に、北海道から九州まで全国にすごい勢いで広がり、今や多くの人々から「自分が入りたい墓」としてもっとも人気のある墓として支持されるようになっている。樹木葬だと、自然を破壊することがなく、むしろ自然を保護することになる、という点や、旧来の石塔を建てる墓地の一〇分の一以下の安価で入手できること、脱継承墓であり「死んだら匿名がいい」と考えている層（特に女性）をとらえたことなどから強い支持をえているようである。しかし、一部の学者からは、小平霊園の樹木葬墓地について、死者の尊厳より埋葬遺骨の数の追求を優先させており、「遺骨の捨て場」のような感があるという指摘もでている。

今後、樹木葬墓地は、ヨーロッパ諸国のような林や森の樹々の中に作られるものも含めて、様々な形のものが登場するとみられている。（ヨーロッパでは、ストックホルムのスクーグスシュルコゴーデン墓地を森の中につくり、世界遺産の森林墓地となっていて、管理も承継者も不要ということで有名である）。

以上のように、平成の時代に様々な埋葬形態が登場したことで、今では「墓不足」を嘆く声も以前より少なくなってきているようである。

ついでにいえば、二〇〇五〜〇七年にかけて、新井満訳詞・作曲の「千の風になって」が、秋川雅史の歌声で大ヒットしたのは、散骨や樹木葬などの無形の墓の登場を反映したものと言えるかもしれない。「私のお墓の前で、泣かないでください。そこに私はいません。眠ってなんかいません。千の風に、千の風になって、あの大きな空を吹きわたっています」。

この歌は、死者が遺族に呼び掛ける形で一種の「グリーフケア（悲嘆の癒し）」になっていて、仏教界の一部からの批判をよそに、〇七年にはレコード界唯一のミリオンセラー（一〇〇万枚以上の販売数）になった。

E　洋型墓、両家墓などの隆盛

お墓の形としては、最近は寺院の墓地には角柱型の和型墓が多いが、民間墓地では洋型墓が圧倒的に多く、また公営墓地では、和型墓と洋型墓の双方が見られるのが特徴である。ひと昔前は、どこでも墓石と言えば角柱型の和型墓が圧倒的に多かったのに対し、最近はどこでも横広の洋型墓が増えている。特に、都営墓地でも、大正時代に出来た多摩墓地（現在は多摩霊園）に公園墓地様式が導入されたあと、松戸市にできた八柱霊園、戦後に三多摩にできた小平霊園、八王子霊園などでは、洋型墓地が多くなっている。都立八王子霊園（一〇万体以上を埋葬）は、全体が芝生墓地で、一区画が二メートル四方（四平米）と規格がきめられ、広い霊園全体が洋型の規格化された墓石で埋められている。東京では最近できた民間霊園もほとんどが洋型墓で占められているし、寺院墓地にも洋型墓の進出がみられる。墓石全体の比率はわからないが、二〇〇六年頃からつくられたお墓では圧倒的多数が洋型墓になっている。お墓の周囲の石屋さんの話では、「縦長の和型墓が林立する墓地は暗い感じがするが、洋型墓の墓地の方が背が低く明るい感じがする。洋型墓は一種のトレンドになっている」ということである。

私が見て回った限りでは、和型墓は、「先祖代々之墓」「〇〇家之墓」と書かれたものが多いのに対し、洋型墓は、「〇〇家」と書かれている墓でも、その部分は小さくして、選んだ漢字や字句を大きく刻んだものが多く、見て歩くのが楽しみな感じのものが多い。

例を挙げると、一番大きく彫られた文字は、「愛、和、絆、想、縁、心、悠、心、夢、翔」などの一文字か、「永遠、安穏、感謝、希望、慈愛、久遠、追悼」などの二文字、あるいは、「やすらぎ」「ありがとう」などの仮名文字、「一期一会、倶会一処、日日是好日」などの熟語、「逢いにきてくれてありがとう」「いつまでも一緒だよ」、「また会いましょう」などの言葉、さらには「LOVE」「DREAM」「HOPE」「THANK YOU」などの英語の単語なども混じっている。

また、テニスやゴルフ、音楽の好きな人は、墓石にラケットやクラブ、ピアノの絵を描いたりしていて、自由度が高い感じがする。

こうした洋型墓を見ながら考えたことは、単に自由度が高いだけでなく、「先祖代々墓」などと堅苦しく考えるのではなく、墓が死者と墓参りに来た人との対話の場所になっており、そこには「先祖」云々などを抜きにした死者との交流が行われているのではないかということである。東京の場合、何世代も東京で暮らした人はさほど多くなく、核家族か、あるいはせいぜい祖父母の代までで、顔を知っている範囲の人が墓に葬られており、墓参りに来た人と対話が成立する場合が多いのではないだろうか。

さらに、気づいたことは、予想外に両家墓の墓が多いことである。核家族の場合、結婚

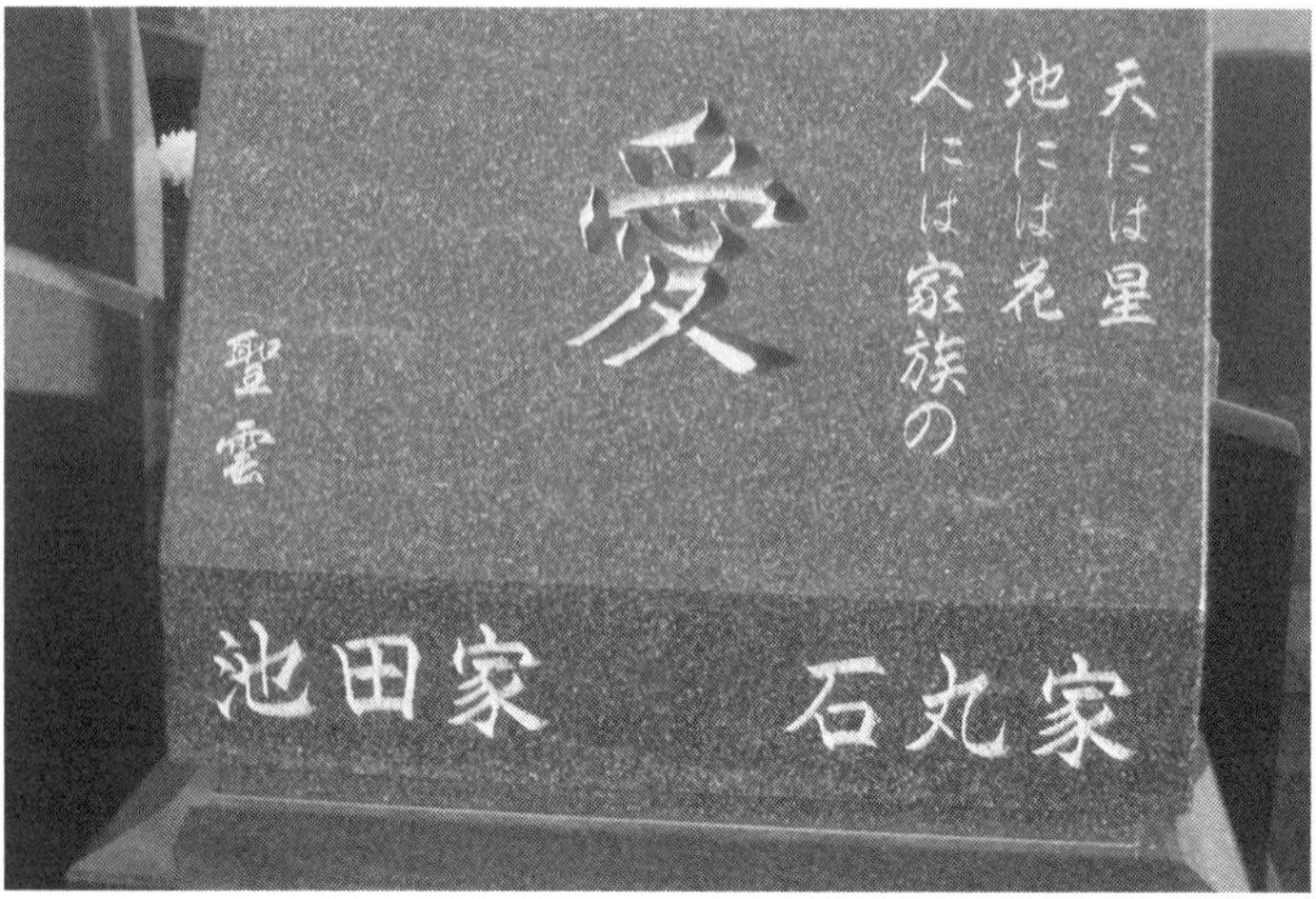

東京都内の民間霊園で見かけた両家墓

したのが長男長女（少子化で確率が高まった）で、あとに墓を守る人がいなくなった場合には、改葬して墓を一ヵ所に集め、墓石には「〇〇家」「△△家」と二つの名字を彫り込むことになる場合が少なくないが、そうしたお墓が、公営、民営、寺院を問わず、どこの墓地でもかなりの数見られ、少子化、核家族化の一端を垣間見た感じがした。

それともう一つ、特に寺院墓地で、無縁墓地とその予備軍の墓を少なからず見かけた。無縁墓地と確定した場合には墓石を撤去して空白になっている区画が多いが、その予備軍の場合には、「この墓地の縁故者をご存じの方は寺の事務所までお越しください」などの立て札が建てられている。一九九九年の墓地埋葬法規則の改定で、寺院側（あるいは行政側）が無縁墓地を整理する手続きが簡略化され、従来のように新聞二紙に掲載して墓の持ち主を探さなくとも、官報記載と墓地への立て札を一年間建てるだけで、名乗り出る人がいなければ、墓を撤去できるようになったためである。

実際に、特に過疎地の場合は無縁墓地が増えており、二〇一三年の熊本県人吉市の市内墓地の調査では約四割の六四七四基が無縁墓地になっており、山間部の墓地では八割が無縁墓になっている墓地もあったという。また第一生命経済研究所の二〇一二年の調査では、「いつか（あるいは、近いうちに）墓が無縁化する可能性がある」と答えた人が五四・四％もあったとされている。

F　共同墓（合同墓）の増加

組織、団体の構成員などが共同で入るお墓を共同墓（あるいは共同墓地、合同墓地）というが、平成年間に共同墓の数は大きく増加した。

映画関係者らでつくられた「映画人の墓碑の会」は、共同映画会社創設者の故坂斎小一

「映画人ノ墓碑」（東京墨田区の多聞寺）

郎の遺族であるハツ夫人の出資によって、一九九二年に映画関係者の共同墓地を墨田区の多聞寺（真言宗智山派）境内につくった。遺骨を地下に直接埋め、土に返す合葬式墓地であるが、すでに二三〇人を合葬し、二二一人が生前予約をしている。「映画を愛し、平和と民主主義を支え、人間の尊厳を守った人々の墓碑の会」を結成し、新藤兼人監督の揮毫で「映画人ノ墓碑」と書かれた墓標が建てられている。墓誌には尾上松之助や嵐寛寿郎、音羽信子などの著名俳優の名もみられる。同組織の墓は全骨でも分骨でも納骨可能で、二〇一五年に一般社団法人を取得している。

千葉県市川市では、二〇一三年に、路上

生活者（ホームレス）にお墓がないのは死者の尊厳を損ねるとして「NPO法人市川ガンバの会」が中心となり、共同墓をつくった。墓碑には「なかま」と大きく書かれている。二〇〇八年には、台東区の浄土宗・光照院に、NPO法人「もやい」や新宿で活動する諸団体によって路上生活者たちの墓、「結の墓」が建てられ、毎年一度合同供養を実施している。「もやい」は、二〇〇八〜〇九年に日比谷公園で「年越し派遣村」が出来て社会問題になったとき、路上生活者受入れの中心となった団体である。

兵庫県高齢者生活協同組合（高齢協、一九九九年発足）は、県内全体に約六〇〇〇人の会員を持つ生協組織であるが、「一人ぼっちの高齢者をなくそう」「寝たきりにならないようにしよう」などをテーマに活発な助け合いの活動を行ってきた。死後もつながりを持ち続けようという考えから、二〇一四年に共同墓を民間霊園の一角に建て、一七年初めまでに契約者は一〇〇人以上に上り、二六体が埋葬された。費用は生協会員が一五万円、同居家族は一〇万円と安く、その後第二号の共同墓も建てられた。同生協では「永遠《とわ》の会」を結成して、毎年、新年会や四月の共同献花、永代供養祭（納骨式）、九月に秋彼岸の墓参会などを行って親睦をはかっている。同様の共同墓は、京都高齢者生協、香川県高齢者生協などでもつくられ、老年期から死後までの支えあいを行っている。

東京・南大沢の「生活と健康を守る会」の共同墓

他方、山形県のコープ共立社では二〇一六年に、自前で土地を取得して共同墓「コープ協同の苑」を建立している。

大阪府の老人クラブ連合会でも共同墓をつくって、墓が無縁化しないための措置をとっている。

全国生活と健康を守る会（全生連）加盟の組織では、高齢の会員が多いことから各県の組織ごとに共同墓をつくる動きをすめており、これまでに一六都道府県で三〇カ所以上の共同墓をつくっている。納骨する会員が払う費用は二〇万円前後で、価格が安いこともあって多数の申し込みがあり、東京南大沢の民間墓地「バードヒルズ」には二つの同会の共同墓がつくられている。墓碑銘には、「一人はみんなのために　みんなは一人のために　生きてここに眠る」と刻まれている。

また、全日本年金者組合もこの間、共同墓をつくる運動を進めており、埼玉県で八ヵ所、東京都で六ヵ所など意欲的に全国で共同墓をつくりつつある。南大沢の墓地「バードヒルズ」の場合、全生連の墓地を参考にするなど共同歩調をとっている。年金者組合の共同墓も納骨の際に二〇万円前後を払うだけで、安価と評判を呼んでいる。

このほか、解剖のため献体を受ける病院や、高齢者の老人ホーム、神戸市のサービス付き高齢者住宅「ゆいまーる伊川谷」などでも民間霊園で共同墓・納骨堂づくりを進めている。こうした共同墓は次の時代にさらに増えそうな予感がする。

この章の最後に、都立青山霊園にある「無名戦士の墓」を紹介したい。この墓は、『女工哀史』を書いたプロレタリア作家・細井和喜蔵（一九二五年没）の印税をもとに、一九三五年に建立されたが、戦時中は警察からマークされ、近づくのを禁止されていた。第二次大戦後に日本国民救援会が引き継いで「解放運動無名戦士の墓」と改称し、存続を続けている。毎年三月一八日のパリ・コミューン記念日には合葬追悼式が行われている。

「解放運動無名戦士墓」（青山霊園）

ここで合祀されている人は、四万四〇〇〇人以上に上り、在日韓国人・朝鮮人も含まれているが、そのリストには、戦前のスペインで人民戦線政府支援の義勇軍に参加したジャック白井、小説家の葉山嘉樹、藤森成吉、朝日訴訟原告の朝日茂、憲法学者の鈴木安蔵、日本婦人団体連合会の元会長・櫛田ふき、元那覇市長の瀬長亀次郎らもふくまれている。

このほか、日本全国に、解放運動・労農運動の元活動家らの慰霊碑、合葬共同墓は二〇ヵ所以上ある。

『女工哀史』と細井和喜蔵

細井和喜蔵（一八九七〜一九二五）は京都府丹後地方の加悦で機業工（はたおり）の家に生まれ、尋常小学校五年で退校。丁稚奉公のあと、独学しながら大阪、東京の紡績工場で働く。関東大震災（一九二三年）前後から内妻・堀としを（女工）とともに、生活苦に追われながら約二年半をかけて『女工哀史』を執筆した。としをは和喜蔵の生活を支えながら、その女工体験を夫に語った。

一九二五年七月に改造社から同書が出版された一ヵ月後に、和喜蔵は二八歳で腹膜炎により永眠。また死後生まれた男児も一週間後に死亡した。

改造社は、『女工哀史』を原稿買い上げで出版したが、同書がベストセラーになったので、山本実彦社長は、印税を内妻に払うかわりに「無名戦士細井和喜蔵遺志会」に活動費として贈り、仲間がそのお金で一九三五年に青山霊園に自然石の「無名戦士墓」を建てた。

『女工哀史』は戦後岩波文庫で出版され、多くの版を重ねてきた。細井の内妻としをは、その後組合活動家・高井信太郎と結婚して五人の子どもを育て八一歳まで生きた。また細井の故郷の加悦にも戦後顕彰碑が建てられ、「和喜蔵祭」が行われている。二〇一八年、細井の書いた『奴隷』『工場』の二冊の『女工哀史』の小説版（戦前改造社で出版）が岩波文庫で刊行された。

第二章　葬儀のいろいろ

キリスト教信者の葬儀

（一）葬儀の役割

「つひに行く道とはかねて聞きしかど
　昨日今日とは思はざりしを」

葬儀のことを書こうとしたら、突然、『伊勢物語』の最後の部分にある在原業平のこの歌を思い出した。業平が病気で死にそうになった時、人間は最後に死ぬものだと聞いていたが、こんなに突然に死が訪れるとは思わなかった、とその驚き、不安、絶望を率直に歌ったことで、知られている。いわば、業平の辞世の歌であろう。業平は紀元八八〇年、五五歳で没している。

実際、人間は死ぬもので自分にも早晩死が訪れることは誰しも知っているが、いざ、実際に死を目前にすると、こんなことを思う人は多いに相違ない（一人称の死）。自殺や事故死をする人、心臓発作などで急死する人以外は、がん患者なども含めて、自分はまだ当分は死なないと思っているだろう。そして、死者本人には葬儀も追悼もできないから、遺族や同行者にそれを任せるしか仕方がない。また自分の夫婦や親子、兄弟のように親しい人の死（二人称の死）も、悲しみはひとしおである。

次いで頭に浮かんだのは、平安時代末期の歌人である西行の歌である。

「願はくは花の下にて春死なむ

　そのきさらぎの望月のころ」

「きさらぎ」といえば旧暦二月、今の暦にすれば三月の桜の咲く季節である。また「望月」といえば満月の時期である。西行は、本名が佐藤義清《のりきよ》、名門の家に生まれ上皇警備の北面の武士をつとめたが、若くして出家し、全国を行脚しながら歌をよんだ。彼は当時としては長生きであったが、自分の死が近いと自覚した晩年に作ったのがこの歌で、彼の美学が表れている。そして、実際に彼は、この歌の通り、一一九〇年の桜の咲く満月の時期に、七二歳で死亡したと言われる。思い通りの死去で幸せな末期だった、と言える。

さて、閑話休題。葬式についてだが、仏教学者のひろさちや氏は、著書『葬式をどうするか』（PHP新書）の中で、葬式を「習俗」（風俗、習慣）として、こう述べている。

「元服式（成人式）や結婚式と同じような儀式なのです。しかもこの葬式という儀式は、自分でやるわけにはいかない。ちょっと風変わりな儀式です。つまり、自分の葬儀は他人にやってもらわねばなりません」「ところが、現代日本において、この葬式という儀式がへんにややこしくなってしまいました。なぜかというと、『葬式仏教』の呼称があるように、葬式が仏教の専売特許のように思われているからです。死というものが自然現象でありながら、なにか格別な宗教的意味を持ったものと思われ、その死にまつわる葬式を宗教行事として行うことが当然のしきたりと考えられています。そしてそれに対する反発が、庶民の間に醸し出されています」

ひろさちや氏の指摘する通り、日本では葬儀の九割近くが仏教式で行われ、お墓も仏教寺院が中心になって支配している実情がある。そこで、葬式と墓について書く場合、宗教と切り離して説明する立場に立っても、現実には仏教式の葬送を強く意識せざるを得ない矛盾がある。筆者は、その矛盾の中で、できるだけ客観的に説明しようと思っているので了解願いたい。

ひろさちや氏は葬式の役割について次の三つをあげている。

一、死体の処理
二、霊魂の処理
三、遺族の心の整理。

これに加え「四」として「死の社会的認知」を挙げる人もいるが、「社会的認知」については、葬式後に「挨拶とお礼の手紙」を送ったり、追悼会やお別れの会を開いたりすれば十分であるから、本質的なものとはいえないだろう。

恐らく、葬式のこの三つの役割のうち、一の「遺体の処理」と三の「遺族の心の整理」については、異存ありという人は少ないだろう。問題は二の「霊魂の処理」についてである。霊魂が存在していて、死後も残り、「死後の世界がある」と考えるのは宗教を信じる人であるから、この問題は次章で詳述することにする。死後に霊魂が残るかどうかは、仏教を含め大概の宗教は「死後の世界」を認めているが、「臨死体験」でも本当に死亡して戻ってきた人がいるわけではなく、その証拠は何もないから、結局は理性を優先させる人と、死後の世界を信じる人の水掛け論になるしかないだろう。「地獄、極楽、閻魔さんは怖い」などと祖父母などに聞いて育った世代の中には、霊魂はないと信じながらも、仏教の葬儀を勧められて、「ひょっとして霊魂が残っていたらどうしよう」と迷う人もいるかも知れない。しかし、私は、そうした迷いがあったにせよ、自分の意思や理性を最優先したい者の一人である。

ここで、葬儀やお墓の形、死者の葬り方を決めるのは誰かという問題がでてくる。普通は決定するのは故人の死後のことだから遺族とか喪主であるが、日本人の世論調査をすると、「故人の遺志を尊重すべきである」「まあそう思う」の合計が九割以上を占める。では、葬儀は故人の自己決定権にまかせ、それを尊重すれば良いのかというと、「そうとも限らない」面もある。例えば、故人が「残された者に迷惑を掛けたくない」という気兼ねから、直葬とか無宗教葬、散骨を選択した場合に、たとえ故人の遺志であっても、遺族が無視して一般葬をすることもありうるのではないか、という疑問もわく。もちろん、故人の自己決定権を最大限尊重すべきことは当然の前提であるが、これは意外に難問である。

（二）葬儀の手順

そこで、宗教にからむ話は後回しにして、実際に遺族が普通の葬式の中でやらなければならないこと、注意すべきことを以下に挙げてみたい。物事を複雑にするより、当面すべきことの処理の方が先決だからである。

まず、肉親等が死亡した場合に、遺族が真っ先にどうしてもやらなければならないことは、法律で決められた役所への死亡届の提出と、火葬場の予約である。死亡届の提出は法律で七日以内と決められており、火葬、埋葬は死後二四時間は法律で禁止されているが、葬儀の段取りを決める上では死亡届の提出と火葬場の予約が優先される。死亡届は、通常、遺族が医師の診断書を添えて（用紙は、死亡届と医師の診断書が見開き一枚になっている）最寄りの市区町村に提出する（印鑑が必要、死亡診断書は複数の手続きで必要なのでコピーをとった方がよい）。役所の多くは二四時間受け付けており、葬儀社の職員が死亡届提出を代行することも可能である。その際、火葬場も同時に葬儀社に頼んで予約してもらい、役所から死体火葬許可証をもらう必要がある。これがうまくいけば、逆算して通夜や葬儀の日取りを決めることが可能になる。

かかりつけ医がおらず、医師の診断書が得られない場合は、葬儀社に相談するか、警察医に死体検案書を書いてもらう。不審な死とみなされた場合、警察は、司法解剖をする場合もある。在宅で故人が死亡し医師が見つからない場合は、医師や警察の到着までは遺体を動かさないことが大事である。

このあと、納棺し、火葬場で遺体を焼いて収骨した後（日本では火葬が一〇〇％近いから火葬を前提として説明する）、死体火葬許可書に火葬場印を捺した埋葬許可証を受け取

生の儀礼と死の儀礼

生の儀礼	経過時間	死の儀礼（仏式）
（誕生）	0	（死亡）
お七夜	1週間	初七日
初宮詣	30日ころ	
	49日	七七日
百日	100日	百ヵ日
初誕生	1年	一周忌
七五三	3年	三回忌
七五三	5年	五回忌
七五三	7年	七回忌
十三参り	13年	十三回忌
女の生涯の大厄	33年	三十三回忌
男の生涯の大厄	42年	
	50年	五十回忌
還暦	60年	
古希	70年	
喜寿	77年	
傘寿	80歳	
米寿	88年	
白寿	99年	
百寿	100年	

『現代日本の葬送と墓制』より

れば、行政と火葬場の法律的な手続きは完了する。埋葬許可証は、納骨の際に必要になるから、紛失しないように注意する必要がある。

ここまでは、法律で決められた最低限の義務であるが、刑法にも墓地埋葬法にも、「葬儀」に関する規定はなく、「葬儀」はせずに、いきなり火葬場に搬送して火葬しても、二四時間以上経っていれば法には触れない。また、埋葬も納骨も法的義務ではなく、火葬後に遺骨を自宅に保存している人は沢山いる（東京だけで推定一〇万人）。

しかし、習俗に従って葬儀をすると仮定して、留意すべき点をあげておきたい。現在日本では死者の約八割は病院で死亡するため、病院で死亡した場合を中心に、在宅死の場合も含めて説明する。

臨終

在宅でも病院でも、死者の臨終にあたって、遺族が死者の口に死に水（末期の水）を含ませることが日本の臨終の習俗となっている。これは、水を含ませた脱脂綿を割り箸などで故人の唇に当てるものであるが、釈迦が入滅前に付近の娘さんから冷たい乳をもらって飲んだ故事から来たものとも言われている。

その他に通常、病院では看護師が死者の身体全体をきれいに拭いて着替えをさせ、体液が出ないよう口、鼻、肛門などに脱脂綿を詰めてくれる。また死者が男性なら髭を剃り、女性なら簡単に化粧をしてくれる。その意味は、感染症予防と、死者の外観をできるだけ綺麗にすることである（エンゼルケア）。衣服は納棺の儀式の際に別のものに着替えさせてもよい。

在宅の場合は、昔は「湯灌」といって、タライに湯を張って死者の身体を清める習慣があったが、現在では、看取りに来た看護師と家族が死者の身体をアルコールの付いた脱脂綿かタオルで拭き、体液が出るのを防ぐ措置をする場合が多い。

搬送

病院では、医師が死亡診断書を書く一時間前後のあいだ、遺族は霊安室で故人と共に待つことになるが、その間に重要なのは、遺体を運ぶ搬送先を決めることである。

通常、病院は、霊安室に遺体を置く時間を、二時間程度に制限している。このとき、病院の許可を得て待機している葬儀社の職員が「ご遺体の搬送先はお決まりですか」と話しかけてくることがある。搬送先が決まっている場合は問題ないが、そうでない場合、葬儀

子ども用にアメの箱に入った線香も売っている（仏壇のはせがわ）

社が自社の通夜室などに運ぶことを提案してくる場合が多い。その場合勧誘に応じれば、葬儀の際その葬儀社に頼むことを断りにくくなる。できたら、搬送先は事前に決めて置く方がよいが、そうでない場合、一旦自宅に搬送してもらってからじっくり葬儀のことを考えた方がいいだろう。

　もっとも最近では、かつてのように病院に葬儀社職員が待機していることは少なくなっているという葬儀社の証言もある。葬儀社の車（緑ナンバー。タクシー会社でも遺体搬送に応じる場合がある）で自宅に運んでもらった場合でも、搬送代金だけを払って、葬儀のことは後でゆっくり家族などと相談することも可能である。

遺族や親族が遺体を搬送することは、代金が発生しないので法律には触れず自由であるが、できたら気が動転している遺族は運転を避けた方がよい。また、できたら臨終が近づく前に、葬儀社と搬送先は前もって決めて置き、携帯電話に葬儀社の電話番号を登録しておくくらいの準備をしておいた方がよいだろう。

なお、葬儀を自宅で行ったり、葬儀場（セレモニーホール）で行ったりする場合は、もう一度火葬場までの遺体搬送が必要になるが、これは葬儀社に手配を頼めばよい。火葬場に付属した斎場で葬儀を行う場合は、遺体を火葬場の保冷室に保存し、葬儀後は備え付けのストレッチャーなどで火葬炉前まで運ぶのでよい。

安置

故人を運んできて布団に寝かせることを安置という。葬儀社に依頼した場合は、控室（通夜室）に安置するよう任せればいいが、自宅に搬送した場合は、たくさんの人が出入りできるような広い部屋に安置する必要がある。近年は、自宅での安置を避けて、斎場の保冷室や遺体ホテルなどに安置することが増えている。

通常、安置の際は、釈迦の入滅（涅槃《ねはん》）にならって北枕がいいとされるが、仏式で葬儀をするのでなければ、別にこだわる必要はない。

葬儀社決定と葬儀日程の連絡

次に、葬儀の段取りを決めるために、近親者に連絡するとともに、葬儀社を決定し、葬儀の手配を依頼する。現在の葬儀では、近隣の「葬式組（互助組織）」の解体が進んだこともあって、葬儀社に様々な業務を頼むことは不可避になっている。ただし、葬儀費用がかさむ可能性もあるので、事前に葬儀の見積もりをきちんととることは是非とも必要である。

葬儀社が決まったら、まず、死亡届の役所への提出と火葬場の予約が必要になる。役所で死体火葬許可証がもらえたら、その後、葬儀社、近親者と相談して葬儀日程・場所を決め、近親者などで手分けして連絡する。昔と違って今は電話やファックス、メールなどがあるので、連絡は簡単である。

葬儀社、近親者には、少なくとも、①通夜と葬儀の双方をするか否か、②その場合の参列者の概数と支出総額はいくら位にするか、③葬儀は一般葬か、家族葬、直葬か、④葬儀の場所は自宅か葬儀場か、お寺・教会か、⑤宗教は仏式、神式、キリスト教式か、無宗教葬・自由葬か、などについて葬儀を主宰する自分自身の考えを明確に伝える必要がある。香典、供花の辞退をする場合は、葬儀日程、場所を連絡する際に、そのことも親戚や知人に知らせる必要がある。喪主はできたらあまり動かないようにして、近親者や葬儀社に、死亡届提出や葬儀日程の連絡等の業務を頼んだ方がよい。

通夜と葬儀に宗教者の介在を頼みたい場合には、親しい仏教寺院の住職、神主、キリスト教の神父・牧師などがいれば直接連絡・要請するか、いない場合には、葬儀社を通じて頼むことになる。無宗教葬・自由葬を希望する場合には、葬儀社と相談して、どんな葬儀にするか構想を練り、式次第を決める。

納棺・通夜、葬儀

納棺は、通夜を営む直前にするのが通例である。棺桶には、死装束として、仏式では経帷子《きょうかたびら》を身に着け、お遍路さんのように手甲、脚絆、わらじなどをいれる例もあるが、故人や遺族の思いで選んでも、最後の装いのままでも構わない。生前からエンディングドレスをつくりおく例も増えているようである。副葬品は火葬炉内で爆発が起こらないよう、スプレー、ライターなどは避け、可燃性の思い出の品や花などにとどめた方がよい。

棺は安価のものでもよいが、納棺しないと火葬場は受け入れてくれない。青木新門氏の『納棺夫日記』（映画「おくりびと」の原作）のように専門の納棺夫がつくこともあるが、そう多くはない。

このあと、通夜や葬儀・告別式、出棺、火葬、収骨と続くが、「一日葬」（ワンデイ・セレモニー）を行う場合は通夜を省略する。

通夜は、遺族が故人と過ごす最後の時間であり、僧侶が来ない場合には、できたら静かな雰囲気の中で、バックミュージックをかけたり、お経のCDをかけたりするのがいいだろう。通夜ぶるまいには、葬儀社と相談して、寿司桶と簡単な料理、飲料などを並べる例が多い。

通夜に僧侶が来てお経をあげる場合には、通夜は葬儀と同様な厳粛な儀式となり、参列者の接待などで、喪主はゆっくりした時間はとれないかも知れない。通常は、仏式の場合には、僧侶は、通夜、葬儀、火葬場と三回にわたってお経をあげることになる。宗教者への謝礼（仏式では布施）をどうするかについては、葬儀社・宗教組織と相談して金額と渡す時期を決めればよい。

通夜の翌日に行われる葬儀・告別式は、本来は宗教者（仏教の僧侶等）の関わる葬儀式と、無宗教のお別れの会である告別式はまったく別のものだが、実際には、仏式の葬儀と告別式を混然一体とさせて、僧侶がお経をあげ、弔辞・弔電の披露、スライド上映、喪主のお礼の挨拶などの続く葬式が多くを占めるようになっている。

親族・知人などから供花をしたいと申し出があった場合には、通夜の前日までに葬儀社に手配を頼み、通夜か葬儀の際に、供花した人から料金を受け取るようにする。

通夜、葬儀の際には、昔は遺族は白装束で臨んだが、今は黒の喪服が一般的で、平服で参列する場合は黒の喪章か腕章、ネクタイを身につける。

火葬、分骨

仏式の葬儀の後、喪主は、僧侶から渡された位牌をもって、霊柩車、あるいは葬儀社の車で予約しておいた火葬場に向かう（遺影は別の遺族が持っていく）。参列者用には、葬儀社に頼んで、バスかマイクロバスを用意するか、人数が少ない場合はマイカーに乗り合わせて火葬場に行く。僧侶が火葬場の炉前で簡単な読経をしたあと、棺桶は火葬炉に納められて火葬が始まる。僧侶はお経をあげたら先に引き揚げる場合が多い。喪主や遺族・参列者は控室で、火葬が終わるのを待つことになるが、一時間半か二時間程度かかるので、

日本での火葬率の上昇（残りは土葬）

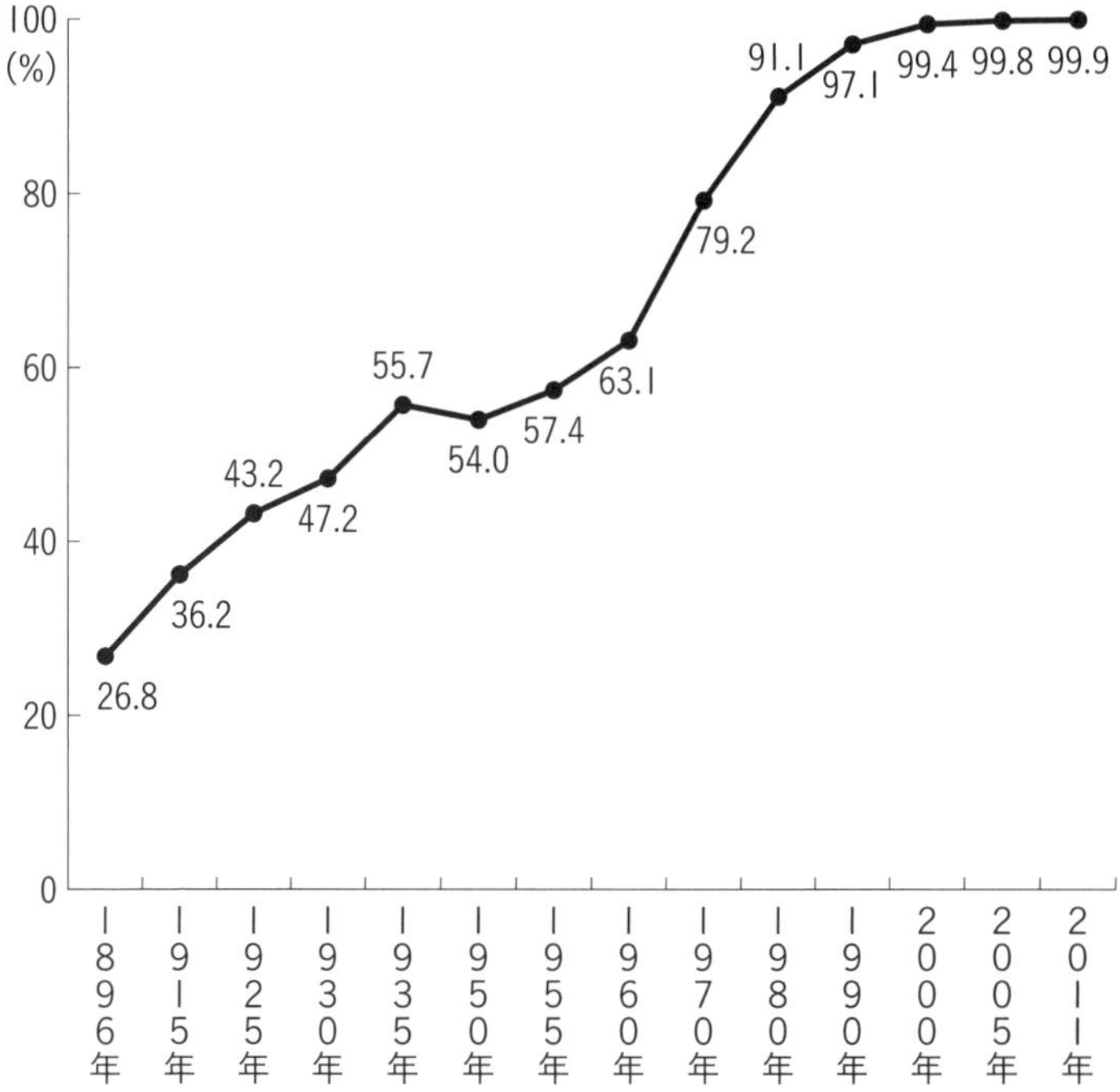

その間にゆっくり飲食をとるのが普通である。火葬が終わったら、遺族や参列者が故人の骨上げをし、そのあと、事務室で喪主に「埋葬許可証」が渡される。

故人の遺骨を分骨したい場合には、事前に葬儀社を通じて火葬場に分骨の個数を連絡しておき、火葬後に分骨した骨壺と分骨証明書をもらうようにする。分骨証明書は、家で遺骨を保存する場合は必要ないが、墓への納骨の際に必要になる。埋葬後に分骨することになった場合は、墓の管理者に分骨を申しでて、分骨証明書を発行してもらう（有料）。

火葬後に、葬儀場にもどって初七日（仏式）の法要をすます場合もあるが、喪主が参列者にお礼の挨拶をして火葬場で散会となる場合が多い。

納骨

納骨は、仏式の場合は「四十九日」に行うのが通常であるが、墓に納めるか、散骨にするか、納骨をいつにするかは、親族で相談し、ゆっくり考えてからでも差し支えないだろう。骨壺を仏壇や床の間、故人の机などに置いて、遺骨を長期間保管する人も少なくない。通夜、葬儀、さらにはその後の仏式の初七日、四十九日、返礼、相続、その他の猛烈な遺族の忙しさと悲しみを考慮すれば、喪主や遺族に落ち着いて対処せよと言っても困難かも知れない。しかし、そんな時こそ「落ちつくのだ」と自分に言い聞かせて行動する必要がある。

葬儀の前に火葬をすませ、葬儀は「骨葬」にするよう、順序を入れ替えた方がよいのではないかという提案も一部で行われている。実際に、東北から北海道、本州の一部の地域では火葬を先行させ、その後にゆっくり葬儀を行う習慣が現在も残っている。しかし、首都圏ではそうした習慣はあまりないようである。

それと、二〇〇〇年以降の葬儀は、病院で故人が死亡したあと、遺体が自宅に戻らずに、葬儀社の控室や斎場・火葬場の保冷庫、遺体ホテルなどで保管され、そのまま通夜や葬式が行われるケースが増えている。

直葬（密葬）、家族葬をする場合でも、故人の友人・知人たちの提案で、それとは別に無宗教の「お別れの会」や「偲ぶ会」を開いたりする場合には、遺族としても参加する必要があるだろう。

グリーフケア

遺族のグリーフケア（心の癒し）は、こうした葬儀や「お別れの会」の中で徐々に行われていくものであるが、アメリカ式の、特別にカウンセラーを交えたグリーフケアを行った方が良い場合もある。しかし、基本的には、碑文谷創氏が指摘するように、「悲嘆は悲嘆によってのみ癒される。悲嘆はその思いを表出し、悲しむという作業（＝グリーフワーク）を通じて癒される」（『死に方を忘れた日本人』）のではないかと思う。

（三）葬儀費用

葬儀に必要な費用は、バブルの時代に大きく膨れ上がり、一時は「良い戒名」や花輪の多さを競った時期もあった。全葬連（全日本葬祭業協同組合連合会）などが日本消費者協会に委託した葬儀費用のアンケート調査結果では、二〇〇三年の調査の平均総額では二三七万円になった。これを各価格帯でみると、一〇〇万円以下が一二・五％、それ以上で二〇〇万円以下が三九・九％、それ以上で三〇〇万円以下が二八・五％、三〇〇万円以上が一九・一％となっている。この数字は葬儀に高額のお金をかけているアメリカの倍以上、韓国の約四倍、ヨーロッパ諸国の六倍近い額で、日本はまさに「世界一の葬儀費用支出国」となっている。これは、葬儀一式と飲食接待費、仏教寺院に支払う戒名と布施の合計金額である。アンケート調査での意見では、「五〇万円のコースを契約したが、一五〇万円の請求書がきた」「無断でいくつかの経費が追加されていた」などの苦情が多くだされている。

それから一四年後の二〇一七年の同じ日本消費者協会の第一一回アンケート調査結果で

は、平均総額が一九六万円と、四〇万円余り低くなっているが、それでも二〇〇万円に近い。この数字を個別にみると、葬儀一式の平均が一二一万円、飲食接待費の平均が三〇万円、寺院費用が四七万円となっている。いずれの項目も高額であり、葬儀社、寺院などへの消費者の不満は依然強いものがある。

他のアンケート調査結果をみても、葬儀に二〇〇万円前後かかるという日本の現状が示されており、「葬式はお金がかかるもの」という通念ができあがっている。

もっとも、実際に葬式の業務に関わっている人からは、「二〇〇万円という額は葬儀の実際より高すぎる。意図的に釣り上げているのではないか」「香典を差し引くとずっと低くなる」などの声も聞こえてくる。

他方で、平成の時代に登場した直葬や家族葬では、ずっと割安になっており、二〇一七年の葬儀受注件数ナンバーワンの「小さなお葬式」社では、一日葬（参列者一五名程度）が三三万八〇〇〇円、家族葬（同三〇人程度）が四八万八〇〇〇円、火葬式（直葬）が一八万八〇〇〇円などとなっており、これらの「地味葬」的な結果が反映されれば次回の日本消費者協会のアンケート調査でも費用総額がもっと下がるのではないかという見方もある。「小さなお葬式」社のホームページには、「葬儀費用の不透明さ、分かりにくい料金体系に疑問を持ち、内容と価格を〝適正価格〟に徹底的に見直し誕生したのが、葬儀に必要な物品・サービスを含んだ『小さなお葬式』の葬儀プランです」「サービス開始から累計一五万件のご依頼をいただき、二〇一七年度の受注件数が業界ナンバーワンの実績をあげました」と書かれている。同社によると、例えば寺院費用は、全国調査の平均で四七万円とされているのが、「小さなお葬式」社では五・五万円ですませているとされている。

日本の場合は、最近はほとんどの葬儀社が見積もりを提出するようになったが、葬儀社が必ずしも適正な見積もりをせず、オプションで高い価格を上乗せしているのに対し、アメリカやヨーロッパでは公正取引委員会が葬儀の見積もり監視に介入し、葬儀社などの不正を摘発・指導するシステムが機能しているのが、葬儀の価格に影響しているようである。

先の、「小さなお葬式」社の寺院費用の安さは、檀家として布施や戒名料を寺院側の言い値通り出さず、インターネットなどでの派遣の僧侶を出動させている場合が多いとみられる。二〇一五年に、インターネット通販大手のアマゾンが、僧侶の手配サービス（「お坊さん便」）の手配をはじめ、低額で僧侶を手配するほかクレジットカード決済が可能になった。チケットを購入すれば、決められた日時、場所に僧侶がお勤めをする。基本単価は三万五〇〇〇～四万五〇〇〇円である。同年一二月全日本仏教会（全日仏）は「越権行為」として、これに抗議する理事長談話を発表した。また、二〇一〇年に葬儀の分野に参入した流通大手のイオンは一五万円という布施の相場を発表したが、全日仏は「企業による宗教行為への介入」としてこれにも強い反発を示している。しかし、インターネットで検索すると、多くの低額での僧侶派遣会社がホームページを開いていて、一回三万～四万円くらいの価格で僧侶派遣を実施している。

また直葬の場合、必要な物品・サービスとして、遺体搬送二回分、安置施設使用料（三日間）、ドライアイス（三日間）、棺桶、骨壺、お別れ用の花束などの物品一式、火葬料金、運営スタッフ料、火葬手続き代行などを積算すると、「小さなお葬式」社の一八万八〇〇〇円のプラン価格になると同社のスタッフはいう。しかし、良心的な葬儀社は、同社でなくても、これに近い二〇～二五万円程度の見積価格を出しているところが多いようである。

いずれにしても、日本での葬儀価格の高さを「適正価格」にするためには、単に葬儀社や寺院の側の努力だけでなく、葬儀を発注する消費者側からの厳しい目も必要であろう。ヨーロッパ諸国などでは、教会が多額の布施をとる習慣はなく、飲食接待費にしても、せいぜいサンドイッチとコーヒーなどの軽食程度で、接待に大盤振る舞いをしたりはしていない。葬儀の参列者が「あそこの葬式の料理は貧弱だった」などと文句を言い合うようでは事態は変わらないだろう。

スイスの精神医学者・ユングは、「高度に文明化した社会では、死者にまつわる慣習は合理化される」と予言したが、イギリスなどのきわめてシンプルで合理的な葬儀の模様と日本の華美な仏式葬儀の模様を比較すれば、この予言は適格だったことがわかる。

（四）淘汰される葬祭業者

私は父母を若い頃（一九六〇〜七〇年代）に喪主として送ったが、その頃は、農村地帯では葬式組が機能していて、組中のものが総出で、墓の穴掘り、弔いの連絡、料理作りなど葬儀の手伝いをしてくれ、土葬で両親を葬った。農村には葬儀屋さんはなく、相互助け合いが葬儀の基本であった。

都会では、すでに江戸時代から葬儀社の萌芽のようなものがみられ、明治以降は次第に葬儀社の誕生と支配の時代に移っていったようである。東京と大阪では明治時代に、桶屋や葬具貸出業者、人員派遣業者などから葬儀社に転身する動きが進み、都市部では豪華な葬式、葬列を競いあうようになった。しかし、農村を含めて火葬が普及し（現在は火葬は全体の九九・九％で日本は世界一の火葬大国）、葬儀社が葬儀を仕切るようになったのは、戦後でも昭和の終わりか平成の初め頃からであり、葬式組の機能喪失・解体と軌を一にしている。

ともかく、「葬儀はお金がかかる」ということで、一九四八年に発足した冠婚葬祭互助会や、葬祭業協同組合とその連合体が次々にできていった。それに生協やＪＡ、さらには花屋さん、弁当の仕出し屋さん、運送業者、流通業なども参入して、葬祭業の市場規模は年間二兆円といわれるようになった。

葬祭関係の事業所は二〇〇六年の段階で、合計七三〇〇ヵ所、従業員は七万二〇〇〇人以上にのぼったという数字がある。このうち、三分の二は非正規職員とみられている。次第に中小の葬祭事業所は淘汰されるようになり、葬儀会館や霊柩車をもった大手の葬祭事業所が勢力を伸ばすようになる。

葬儀社は、花屋や仕出し屋、運送会社、その他の関連業者を傘下に収め、さらには、寺院もその軍門に下って葬儀社の仕切る中で葬儀が行われるようになった。特にインターネットが普及する中で、これを駆使した事業所がネットワークを拡大し、傘下の事業所や僧侶などからバックマージンを集めるブローカーのようになったものも少なくない。小規模葬儀社の中には、大規模業者が入り込まない地域のニーズを口コミで発掘・拡大したり、講演会、説明会、勉強会などを開いてニーズの開拓を行ったりしている良心的なところもあるが、全体として大手業者のネットワークに押されている。

寺院は檀家の葬儀には呼ばれるが、檀信徒以外の葬儀には、葬儀社からの要請で出動することになる。一部の僧侶は独自でルートを開き、寺院で葬儀を行うなどしているが、「葬式仏教」化に甘んじてきた多くの僧侶たちは、派遣僧侶と競争しながら、葬儀社のネットワークの中で活動する者が多くなっている。

葬祭業者の勢力順では、葬式全体の四割を扱う「冠婚葬祭互助会」（月額一〇〇〇円から五〇〇〇円を集める）、約三割を占める専門業者（葬儀社、葬儀店）、組合員が利用できる農協、生協の葬祭業者のほか、自治体による葬祭サービス、インターネットで紹介する業者、ホテル・ブライダル産業、百貨店、生花店、仏壇業者、鉄道業者、大手流通業者などがあるという。大手の葬儀社がある半面、二人か三人だけで家族経営をし、繁忙期だけ他の派遣業者に応援を頼む葬儀社もある。

「危ない葬儀社」としては、①実際の店舗が存在しない、②ホームページがない、③見積書で実費の総額が空白となっている、④見積書を要求しても出さない、⑤利用者の要望を聞かない、⑥専任担当者を置いていない、などが挙げられている。

冠婚葬祭互助会は、一九四八（昭和二三）年、戦後の混乱期がまだ続いていて、日本は貧しく、せめて人並みの冠婚葬祭がやりたいという庶民の声を背景として、横須賀市で互助会ができたのが最初だった。その後互助会は、きめ細かく地域をまわり、多くの会員を拡大し、組織の数と会員数がふえていった。しかし、最近では、中途で脱会しようとする顧客とトラブルになる例も少なくないことが報じられている。これと競争する形で、様々な葬儀社も数とネットワークを広げていった。

九六年から、厚労省認定の葬祭ディレクター技能審査協会による葬祭ディレクター制度ができ、葬祭業経歴二年で二級、五年で一級の受験資格があたえられるようになった。すでに三万人以上の合格者がでており、専門学校にも養成コースが出来るようになった。諸外国では、大学で本格的な葬祭教育が行われるようになっている国が多い。また、アメリカでは、南北戦争の頃から「エンバーミング」という遺体保存技術が普及・発展し、エンバーマーの資格試験に合格した者だけにライセンスが与えられる制度ができている。アメリカの場合は国が広く、親族が集まるのに日にちがかかることも影響している。

しかし、日本の葬祭ディレクター制度は、「資格をもっていても、バッジがもらえるだけで、メリットはほとんどない」と指摘する葬儀社もある。

今後、上記のような葬儀の小規模化の流れの中で、適正価格で葬儀を実施しつづけるには、葬儀社等の相当の苦労と努力が必要になるものとみられている。一般の消費者（葬儀社利用者）からは、適正価格で良心的な葬儀社が求められているだけに、葬儀社が利用者の事前相談にのり、葬儀の見積もりを気軽に、かつ的確にだすことが求められている。

（五）火葬場について

日本での火葬の歴史は仏教伝来（六～七世紀）まで遡り、長い歴史があるが、その歴史については、次章の日本での仏教式葬儀の歴史の部分に記述をゆずり、ここでは、江戸時代から明治初期の火葬から記述を始める。すでに述べたように、一般住民の火葬がもっと

町屋斎場の脇に立つ古い火葬場の碑

も早く普及したのは東京（江戸）、大阪、京都を中心とする都市部と浄土真宗の門徒の多い北陸地方であった。大都市では土葬をする用地不足が深刻であるため、火葬のシステムが農村部より早くから整ったからである。

明治維新を境に江戸は東京と名前を変えるが、江戸時代に「江戸五三昧」と呼ばれた共同の火葬場（日暮里、代々幡、桐ケ谷、葛西、千駄木など）は再編されて、（株）東京博善に引き継がれる。町屋火葬場は、日暮里火葬場が移転した町屋斎場と、同じく移転した千住火葬場に別れるが、日暮里火葬場と合併した町屋斎場には、当時を偲ばせる石碑が今も構内に立っている。東京博善は、明治時代に牛鍋屋「いろは」チェーンを繁盛させていた木村荘平が興した株式会社で、レンガ造りで石炭を使用する最新式火葬施設をつくり、江戸時代以来の火葬場も次々に買い取って自社経営にしていった。現在では（株）廣済堂の子会社になっているが、六つの火葬場を経営し、いち早く葬祭ホールを併設したり、最新式火葬設備を導入したりして、日本の火葬システム発展のパイオニアになった。のちに、「墓地埋葬法」の改定により、全国で火葬場経営は自治体経営のものに替えられたが、東京二三区の九つの火葬場のうち六ヵ所が（株）東京博善の経営、もう一つ板橋区にある民営の戸田葬祭場（葬儀場併設）を含めると民営が七ヵ所も残された。価格設定が民営火葬場は、一体当たりの火葬料金が五万九〇〇〇円（一番安いクラスの料金）と他の道府県に比べて特別高いものになっている。全国に民営の火葬場は一三ヵ所（二〇〇五年）しか残っていないが、その過半数を東京二三区が占めている異常さである。

ここで、東京三多摩地域や他の道府県の火葬料金と比較すると、三多摩では、立川・昭島・国立の火葬場は、域内の住民は無料（域外が八万円）、八王子では市民が無料（域外住民は五万円）、府中市の府中の森市民聖苑では市内住民は無料（市外は使用不可）など無料か数千円のところが多く、神奈川県では横浜市が市民一万円（市外住民五万円）、川崎市が市民三〇〇〇円（市外住民三万円）、横須賀市が市民無料（市外は使用不可）、さいたま市は市民七〇〇〇円（市外三万円）などとなっている。火葬場料金が東京二三区以外は無料か低額に抑えられているのは、福祉事業の一環として、事務職員を自治体から派遣したりして税金で補てんされているからである。

東京二三区でも、大田、品川、目黒、港、世田谷の五区で広域斎場事業（火葬炉一〇基）として二〇一四（平成一六）年に発足した臨海斎場は、各区からの職員派遣などはあるものの、組織内料金が四万円（域外が八万円）と民営火葬場に引きずられた形で高く、もう一つの公営の瑞江斎場（火葬炉二〇基）の火葬料金も民営斎場並みに高く設定されている。

火葬場の施設の数は、日本全体で約一五〇〇ヵ所に上るが、現在では火葬の燃料は石油がほとんどで、灯油四七％、重油四五％で、石炭や薪は七〇年代に姿を消した、火葬炉は台車式とロストル（火格子）式の炉が使われているが、新しい施設では台車式が大半である。各火葬炉とも設備の近代化と共に、公害防止の排気システム採用につとめている。火葬場の規模は七基以上が約二五％を占めている。東京では、対人口比で火葬場数は少ないが、新たな火葬場建設は周辺住民の厳しい目があって、困難になっている。

火葬室に運びこまれる棺桶

一つの問題は、地震などの災害時の火葬であるが、一九九五年の阪神大震災の際には、冬場だったこともあって、六四〇〇人の死者を大阪府を含む周辺諸府県の協力をえて、兵庫県三〇〇〇体、大阪府約一〇〇〇体など大半を地元と周辺地域で火葬できた（約一週間）。ところが二〇一一年の東日本大震災の際には、犠牲者が三倍に達したこともあって、多くを土葬で仮埋葬し、後に掘り起こして火葬せざるをえなかった。

その背景には、関西に比べて関東の人口当たりの火葬炉数が極端に少ない点もあったといわれる。人口一〇万人当たりの火葬炉数は、兵庫県が四・六基、大阪府が三・

六基に対し、東京は一・三基、神奈川は一・五基と大きい格差があり、一度に多数の死者が出た場合には、関東の方が、火葬場が混乱する可能性が高い。ただ、災害などがない場合には、関東の火葬場でも、午前中の早い時間（九時半）は火葬場が空いているケースが多く、生活保護受給者や貧困者、行旅死亡人などの直葬の場合には、その時間を選んで火葬している例が多い。最近は、友を冥土に誘うといわれる「友引」を休業にしている火葬場の数は減りつつある。また、民営の火葬場はチップを受け取るが、公営火葬場の場合は「チップを厳禁」として受け取らないところがほとんどである。

それと、火葬場と関連して指摘しておきたいことは、一つは、関西と関東では収骨（骨上げ）の仕方に相違があることである。関東では全骨収骨が原則であるのに対し、関西では遺骨の三分の一か四分の一しか収骨せず（骨壺も糸魚川・静岡構造線を境にして、東日本が直径六、七寸に対し、西日本が三〜五寸と小さい）、残りの遺骨は合祀墓に埋葬したり、残骨処理業者が処分したりしている。能登半島の総持寺境内には「全国火葬場残骨灰諸精霊永代供養塔」が建てられており、ここで年一回法要が営まれているという。また、関西では、遺族が所定の手続きをすれば、遺骨を引きとらなくてもよい火葬場がいくつもあると報じられている。

もう一つは、骨上げの習俗自体、諸外国にはない風習である。外国人は骨上げに遭遇するとびっくりする例が多い。これも、そんなに古くからある習慣ではなく、火葬が主流になった昭和に起源を求める研究者が多い。日本のように骨上げのために、わざわざ火葬を途中で中断して炉を冷却するのではなく、諸外国のように火葬炉で全骨を焼きあげるようにする方が効率も良いとする意見が多くの研究者からだされている。これに対して、「日本人は骨を大事にする国民だ」という反論があり、「いや、骨に執着するのは何も日本人だけではない。欧米でも戦死者の遺体は国に持ち帰っている。昔は日本にも骨上げの習慣などなかったはずだ」などの再反論も行われている。

日本で骨上げの習俗が一般化したのは、第二次大戦中に外国で死亡した「英霊」（侵略戦争で死亡し骨が国に帰らず放置された若者）の遺骨収集を政府が国をあげて行うようになってから広まった習慣ではないかともいわれる。そのことが、「日本人は骨好きの国民だ」と外国人から揶揄されるもとになっているのは皮肉である。

なお、散骨や手元供養などの場合は、火葬場（東京では戸田葬祭場だけが、骨を粉砕する機械を置いている）や業者に骨を骨灰に砕く作業を依頼し、有料で受けつけている。

今後、この骨上げの習俗について火葬場で新たな変化がでるかどうか、多くの葬送問題研究者から注目されている。

（六）葬儀無用論について

すでに中江兆民や白洲次郎の「葬儀無用論」「お墓無用論」について述べたが、このような「無用論」は、明治以降何度も繰り返し起こっている。兆民や白洲次郎のように、遺言通りにことが運んだ例のほかに、実際には、本人の意に反して、葬儀やお墓づくりが行われてしまった例も多い。死者は自分の死後のことにタッチできず、遺族の一存で遺言が握りつぶされたり、無視されたりすることはよくあることだからである。いくつか例をあげると夏目漱石は、エッセイ風小説『倫敦塔』でこう書いている。「死んだ後は墓碑を建ててもらうまい。肉は焼き、骨は粉にして西風の強く吹く日、大空に向かって撒き散らしてもらおうなどといらざる取り越し苦労をする」。

戦前から活躍し戦後に死亡した作家の永井荷風は、「余死するとき、葬式は無用なり。死体は普通の車に乗せ、直ちに火葬場に送り、骨は拾うに及ばず。墓の建立また無用な

中江兆民の墓碑（青山霊園）

り」とその日記『断腸亭日乗』（一九三六年二月二四日）に書いている。

しかし、漱石、荷風とも都立雑司ヶ谷霊園に墓が建てられ、漱石の墓には立派な戒名も大きく書かれている。

このほか、元東大教授で文学者の中野好夫は、遺灰を山河に撒いてもらいたいとしながら、丹波篠山の一族の墓に眠っているし、葬儀を拒否し埋葬を好まなかった作家の大岡昇平も都立多摩霊園の一族の墓地に葬られている。

もっとも、浄土真宗の始祖である親鸞聖人は、日ごろから自分の死後に墓は作るなと言っており、「それがし閉眼せば、加茂川にいれて、うほ（魚）にあたふべし」（『改邪鈔』）

夏目漱石の墓（雑司ヶ谷霊園）

と書かれているが、遺体は京都・東本願寺の大谷祖廟に葬られている。

第二次大戦後の一九六八年に、『葬儀無用論』という、そのものずばりの本も出版されている。編集したのは稲田務（京大名誉教授）、太田典礼（医学博士）、東舜英（元代議士）らで、多勢が本に寄稿しているが、太田典礼は、のちに避妊具の開発や日本尊厳死協会の設立者にもなっている。しかし、この「葬儀無用論」の活動は、共通した理念・政策や指導者に欠けていたこともあって、数年で自然消滅している。

大原美術館、大原社会問題研究所の創設者となった大原総一郎は、一切の宗教的儀式を認めない立場を表明し、花輪、供物、

永井荷風の墓（雑司ヶ谷霊園）

香典、弔辞をとりやめた簡素な告別式だけが行われた。これは中江兆民式ともいえる。

平成になってからの動向では、一九九七年六月に朝日新聞紙上で行われた寺内大吉（浄土宗の宗務総長で作家）が哲学者の山折哲雄氏と行った紙上討論の中で、「戒名は死後の勲章」「喪主の給料の二ヵ月分程度」と述べるとともに、死後の世界の存在を否定するような発言をし、反響を引き起こした。仏教界の内部からは「戒名を売り物にしているかのような印象を与える」などの批判が噴出し、寺内大吉は一旦宗務総長の辞任を表明した。しかし、再選挙の結果、寺内が再選され、全日本仏教会は、二年後の九九年「戒名料という言葉は使わない」という提言を行った。しかし、マスコミからは「寺檀関係の希薄化」が指摘され、これも「葬儀無用論」に結び付くものではないかと論評された。

さらに、二〇一〇年には、宗教評論家の島田裕巳氏が『葬式は、要らない』という本を幻冬舎文庫で出版し、すぐに五〇万部のベストセラーになった。島田氏の本は、葬式を直接否定するものではなく、むしろ仏教批判の側面が強く、葬儀に費用がかかりすぎることや、葬儀にあたって死者への弔いよりも社会的儀礼が中心となり、世間体や見栄が優先される風潮への批判の側面が強いものであった。この本に対しては、同年、すぐに一条真也氏が『葬式は必要！』と題する本を出版するなど、論争が巻き起こった。しかし、これらの論争はすれ違いの面が強く、「葬式仏教」への批判があっても、それは葬式そのものを否定するものとは言えず、葬式は、直葬・密葬であれ、家族葬であれ、社会的に全面否定では済まされないものである。

映画「おくりびと」がアカデミー外国語映画賞を受賞したり、天童荒太氏の『悼む人』が反響を呼んだり、進藤兼人監督の映画「裸の島」がモスクワ映画祭でグランプリを受賞し数十ヵ国で上映されたことなどは、心から弔う気持ちを伴った行動（葬儀・供養）は世界で共感を呼び、尊重されることを示している。

（七）一人暮らし高齢者の孤独死と葬儀

ＮＨＫは二〇一〇年、〇九年現在で身元不明や様々な事故で遺体の引き取り手のない死亡者が、年間三万二〇〇〇人いるとの報道を「無縁社会」のタイトルで行った。これは東日本大震災の死者行方不明者を大きく上回る数であり、反響を呼んだ。それと、「孤独死」「孤立死」は直接的にどう関係するのか、定義の関係でよくわからないが、一人暮らしの貧困な高齢者が近年大きく増えており、そのことが「弔われない死者の増加」と結びついているとの見方がある。

孤独死の定義について、上野千鶴子氏は「（一）単身者が自宅で死んで、（二）立会人がおらず、（三）事件性がなく、（四）死後相当期間以上経過して発見されたもの」と書いている（「文藝春秋」二〇一九年四月号）。しかし、「死後相当期間」というのは三日くらいなのか、一週間以上なのか、一〇日以上なのか、行政でも定義をしておらず全国統計もない。上野氏によると、「孤独死」は高齢者にかぎらず、女性に比べて社会的ネットワーク作りが下手な中年男性に多いという。

二〇一五年には、一人暮らしの六五歳以上の人口が五九二万人に達し、生涯未婚率（五〇歳以上で独身者）が、男性二三・四％、女性一四・一％と、一九九〇年代に比べて大幅に増えており、この数字は葬儀やお墓のあり方にも少なからぬ影響を与えるものと指摘されている。

小谷みどり氏の著書『〈ひとり死〉時代のお葬式とお墓』（岩波新書）によると、生活保護需給の高齢者世帯は二〇一六年七月現在で、八三万三〇〇〇世帯以上あり、生活保護受給世帯全体の約半分を占めているという。これは二〇〇四年に比べて二・四倍であり、そのうち一人暮らしの世帯が九〇・四％と大多数を占めており、しかも年金受給者は約半数に過ぎず、その額は数万円しかないとされている。

こうした高齢者たちが死亡した場合、生活保護では葬祭扶助の制度があるが、葬祭扶助は、①子、父母、祖父母、孫などが亡くなり、生活困窮で葬儀が行えない場合、②生活保護受給者自身が死亡した場合は、遺体を引き取る親族がおらず、家主や民生委員が自治体に葬儀を行う申請をした場合に限り支給される。しかし、その額は最大でも二〇万六〇〇〇円以内であり、手持ち資金がある者は葬祭扶助から差し引かれ、それでまかなえるのは、遺体の搬送と火葬代、棺桶と骨壺、ドライアイスの代金など最低限のものに限られ、祭壇に花を捧げたりするのは対象外である。葬祭扶助費は東京都区部では二〇一四年度に一一億円以上に上り、二〇〇〇年度の二・三倍で、大きく増えている。都市部の他の自治体についても大幅な増加が報告されている。

「通常、ひとり暮らしの生活保護受給者が亡くなると、福祉事務所が親族に連絡をとる。親族がお葬式をする場合には、その費用は、すべて親族の負担となる。つまり、葬祭扶助費の支給が増加していることは、親族が拒否したか、親族自身お葬式を負担する経済的余裕がなかったケースが増加していることを意味する」と小谷氏は指摘している。

生活保護の葬祭費と共に、「墓地埋葬法」第九条で、「死体の埋葬又は火葬を行う者がない時は、または判明しないときは、死亡地の市町村長がこれをおこなわなければならない」と決められていることが、もう一つの法的根拠となって、市区町村が火葬費、埋葬費を支出することが義務付けられている。「無縁仏」は、大阪市などでは「行旅」「民生」「一般」の三種類に分類しているというが、「民生」は生活保護受給者であり、「行旅」死亡人以外の引き取り手がない「孤独死」の死者などが「一般」に分類されているようである。

そして、故人の縁者が誰も火葬場に最後のお別れにこないまま、遺体が搬送され、朝一番に焼かれ、職員が骨壺に納めるケースが多いとされる。そうした場合、自治体は、骨壺を一定期間保管し、引き取り手が現れない場合には、合祀墓に納めることになる。行旅死亡人は官報に記載されるが、自殺者や認知症で行方不明になった人、ホームレスの死者、パチンコ店で心筋梗塞により死亡した人など様々で、自治体は、火葬した後の遺骨を、引き取り手のない場合は「無縁墳墓」などの納骨施設に安置する。その総数はこの十数年で急増しているといわれている。

作曲家モーツアルトの生涯を描いたアカデミー作品賞受賞映画「アマデウス」の最後の部分に、ウィーン郊外の共同墓地の広い墓穴に、モーツアルトの遺体を投げ入れる葬送のシーンがあるが、それと同様に悲しい最期になるわけである。こうしたケースを避けるために、自治体によっては、死者の生前から連絡をとって、善後策を考えたりするところもでているが、そうした対策をとっている自治体は多くはないのが現状である。

生活保護者でも、「生活と健康を守る会」「高齢者生活協同組合」などに加盟して、助け合い活動に参加している人は、そのような悲惨な最期を迎えず、組織の建てた共同墓に入ったりする道を探すようになっている（経費は二〇万円前後）といわれるが、まったく孤立して老後を送っている高齢者の場合は「孤立死」を防ぐのは困難な課題の一つになっている。

（八）国葬、社葬、「友人葬」など

葬式には、さまざまな形態のものがあるが、一般葬（個人葬）のほかに、国が主催する国葬、会社や団体などが主催する社葬があることはよく知られている。

天皇の葬儀は、明治天皇以来神式で行われ、国葬の一種だが、「大葬の儀」とよばれ、特別なものである。

国葬は、国家に特別に大きい貢献をした者に対して、国家の費用で葬式を出すもので、戦前の第一号は、明治政府の誕生と岩倉使節団の欧米訪問など、政府の中枢で活躍した岩倉具視の死去（一八八三＝明治一六年）の際であった。その後、戦前に伊藤博文、西園寺公望など二〇人が国葬されているが、総理大臣経験者をすべて国葬しているわけではない。戦後の国葬は、総理経験者の吉田茂一人である。

このほか、戦前は、戦死者のために市町村葬が盛んに行われたし、大学教授や学長経験者の場合、校葬が行われる例も少なくない。

戦前の団体葬では、明治三五年に死亡した佐野常民（日本赤十字社の創設者）に対して葬儀を行ったのが有名である。社葬は、会社のために貢献した人に対して行われるもので(例えば郵便汽船三菱の創設者である岩崎弥太郎の葬儀＝明治一八年)、普通は後継者が喪主（三菱の場合は弥之助副社長）になるしきたりになっている。社葬は現在でも花盛りで、個人葬に比べて大規模な葬儀となるのが普通であり、一〇〇〇人以上の規模になるのも多い。パナソニックの創業者松下幸之助（一九八九年四月死亡）の社葬には、バブルの真っ只中ということもあり、二万人を超える参列者があった。社葬は次第にお別れ会的色彩を強くしているが、本田技研工業の創設者である本田宗一郎が死去した際（一九九一年、八四歳）にはこれと対照的に、社葬等は行われず、宗教色のない「お礼の会」が行われた。これは本田宗一郎が遺言で、「社葬はするな」「大げさな式をして葬儀で交通渋滞を起こすような迷惑はかけられない」と言い置いたために、それを尊重して、参加者は平服で会に出席し、会場では「皆様のおかげで幸せな人生でした。どうもありがとう」と日本語と英語で宗一郎の言葉が流された。

「友人葬」というのは、創価学会などが行っている葬儀のことである。創価学会は日蓮正宗の門徒集団として発展したが、九〇年代に日蓮正宗から破門され離別したあと、自分たちの仲間同士で「妙法蓮華経」のお経を読みあう「友人葬」を行うようになった。創価学会は、お墓が日蓮正宗の寺院の管理下にない信者が多かったので、破門されたあとは、自分たちで各地に墓地を建設し、学会本部による墓石と墓地の販売が、寄付や「聖教新聞」の発行と同様に、同会の大きい収益源になっているといわれている。

この章の最後に、北海道札幌市の有志たちを中心に行われている「葬送を考える市民の会」の葬儀についても書いて置きたい。同会は一九九七年につくられ、会員数が約四〇〇人、年会費三〇〇〇円で、会員同士で自分たちの葬儀についての勉強と討論、交流を行い、死亡した会員の葬儀をして、札幌市南部豊平区の平岸霊園の「合同納骨塚」に合葬するようにしている。葬儀の総費用は約四〇万円で、仲間たちで葬儀を行ったあと、遺骨を「合同納骨塚」に埋葬している。同「合同納骨塚」は、当初は行倒れや身元不明者、遺骨の引き取り手のない人のためにつくられた合祀墓で、札幌市の福祉行政の一環として合葬がはじまったといわれるが、今は親族がいる人が大半で、一年中花や線香が絶えないという。

同様な活動は、小樽市、北見市など北海道各地に広がっているようである。

第三章　仏教式葬儀の歴史と提言

千葉県浦安市の墓地公園（期限付墓地）

（一）釈迦の葬儀についての立場と仏教伝来

A　釈迦の時代の仏教

仏教の始祖であるブッダ（ゴーダマ・シッダルタ）は、インド北部に近い現在のネパールでシャカ族の王子として生まれたが、若くして出家し、修行と苦行をして悟りの道を模索した。仏陀は、試行錯誤の末に悟りの道を究めたが、周囲に解脱《げだつ》の道を指し示したのちに、八〇歳で入滅した（涅槃《ねはん》）。

釈迦（ブッダ）は、バラモン教のカースト制度を維持・支配するインド文明圏の中で、バラモン教の輪廻の思想（六道輪廻）から解脱する道を修行の中で見出し、ひたすら修行に励む人生を送り、やがて多くの弟子や信奉者に慕われるようになった。

釈迦の葬儀に関する言葉として知られているのは、侍者（弟子）のアーナンダから「世尊（ブッダ）が入滅された時、われわれは世尊の葬儀をどのように執り行えばよいでしょうか」と問われて、「私の葬儀は在家の信者が執り行ってくれる。あなた方出家者は葬儀の心配などしないで修行に励みなさい」と答えたということだけである（『仏陀最後の旅』）。

また、弟子のマールンキャプッタから、「死後の世界はあるのでしょうか」と問われて、「今飛んできた毒矢に射抜かれたとしよう。その矢を誰が射たのか、毒の種類は何か、そんなことを調べるより、まず矢を抜くことが大切なのだ」と答えたとされる。後世の人々はこの答えについて、釈迦は水掛け論になるような問題に関わりたくなかったのだ、と評しているが、釈迦は、インド人の悩みの種だった生老病死の繰り返し（輪廻）から抜け出し解脱するために修行に励むことこそ最重要であり、現世以外の世界について語るのは無駄なことだと言いたかったのではないかという見方が有力である。

釈迦は、入滅後、遺言通り在家の人たちによって火葬されたが、火葬後ガンジス川に遺骨を流すことはせず、八つの部族が分配して釈迦の遺骨を持ち帰り、塔（仏舎利《ぶっしゃり》）を建てて安置された。そして、この仏塔については、信者がお参りし（「供養」はバラモン教の風習だった）、この釈迦信仰はやがて大乗仏教が成立する契機になっていった。

釈迦が生きたのは、今から二五〇〇年ほど前で、紀元前六〜五世紀の頃だった。これが、その後五〇〇年ほどの間に教義をめぐって分裂を繰り返し、やがて南回りで伝わる上座部仏教（小乗仏教はその蔑称）と、北回りの大乗仏教に別れて、広くアジアの国々に伝えられることになる。

スリランカからミャンマー、タイ、カンボジア、ラオスなどに伝えられた上座部仏教は、釈迦の教えをかなり忠実に守り、葬儀に関わる場合でも簡略にして、ひたすら解脱のための修行に励み、托鉢と戒律を守る生活方式をとった。スリランカやミャンマーでは、戦前まで僧侶同士の葬儀をするだけで、一般の人の葬儀には関わらなかった。

これに対して、インドから周辺国や西域、チベット、中国などに伝えられた大乗仏教は、出家者だけでなく他の人も広く救済するという方向に教義を発展させ、やがて、中国から朝鮮、さらには日本に伝えられることになった。

釈迦の入滅後、教義をめぐり教団が分裂すると、各派が激しく理屈をこねまわすようになり、この世とあの世を思い描き、各国、各地方に古くからある習俗（アニミズムなど）とも習合していくようになった。その中で、死後の世界と関連して、「三界六道説」（六道は地獄、餓鬼、畜生、修羅、人間、天上）が唱えられるようになり、あの世を地獄と極楽に二極化する形で描くような風潮も生まれていった。

B　中国仏教

紀元一世紀頃に中国に伝えられた仏教は、中国の古くからの宗教や思想と習合して、初期仏教とは別の形をとるようになった。中国には釈迦と同時代頃から孔子、孟子らの儒教（上流階級）と道教（庶民）などの宗教・思想があり、独自の発展をとげていたが、遅れて外来宗教として入ってきた仏教は、特に、救済仏教として取り入れられ、多くの信者を獲得した。とくに、儒教は「礼に始まり礼に終わる」と言われるように、葬儀礼の方式を確立していたが、仏教も戒名、戒律などその様式をとりいれて中国的仏教になっていった。戒（戒律）は釈迦の時代からあったが、戒名は中国仏教の創作である。中国には古くから二文字の字《あざな》や諱《いみな》をつける習慣があったから、仏教の出家者に対して二文字の戒名をつける風習が生まれた。しかし、中国では仏教は葬儀を執り行う主流にはなりえず、在家者に戒名を与える習慣も、死後戒名を与える習慣も生まれなかった。

釈迦の時代にインドで弟子たちに伝えられた教義、経論は多くなかったが、大乗仏教としてインド、西域で発展する中で、経論はその何十倍、何百倍に膨れ上がり、鳩摩羅什《くまらじゅう》、玄奘三蔵《げんじょうさんぞう》などによってパーリ語あるいはサンスクリット語から漢語（中国語）に翻訳された。中国で新たにつくられた経論（お経と注釈）もあって、それは判別しがたくなっていった。中国では出家して僧侶になるには戒を受ける必要があり、三人の授戒僧、七人の証人の立会いのもとに儒教式に授戒の儀式が行われたといわれる。中国の仏教書に出てくる僧侶の名は、「慧」とか「道」など経典からとったものが多いとされる。

中国に入った経典をサンスクリットで書いたのは、インドの仏教文学者で、観音経、阿弥陀経、妙法蓮華経なども、こうした人たちの作とみなされている。

中国では、特に、儒教、道教との競合の中で仏教の本質は「慈悲」にあるとして、仏教の目標を「解脱」から「慈悲」、つまり救済仏教の方向に置き換えられた。

この中国仏教が、遣唐使として派遣された僧侶などによって日本に伝来し、さらに変化を重ねたので、のちに、江戸時代の町人学者・富永仲基《なかもと》（大阪に生まれ三一歳で死去した秀才）は、日本の寺と仏教の経論は当初の教えから大きく変化しており、釈迦とは何の関係もなくなっている、と鋭く批判することになる。（『出定後語』）。

C　日本への仏教伝来と葬儀

日本に公式に仏教が伝来したのは、六世紀前半で、朝鮮の高句麗・百済経由であったといわれている。日本ではそれ以前から神道（アニミズム）が存在していたが、恐らくは儒教や道教とともに仏教も伝来したので、これらは、一面で競合しながら（例えば「蘇我・物部の仏教・神道論争」）、やがて、仏教は神道と習合し、長い習合の過程を経ることになる。日本では仏教は、多分にアニミズムと儒教をとりいれて、祖先崇拝の傾向を強く示すようになった。

日本に伝えられた仏教は、「仏像を拝んでひたすら仏にすがり、現世利益や死後の極楽往生を願え」とするもので、大乗仏教の影響で造寺造仏などの功徳が仏の慈悲にすがる道とされた。また、飛鳥時代には、天皇や豪族たちがきそって造寺造仏に励み、貴族は氏寺を建てて祖先を供養するようになった。それらの寺では、仏教の修行に励む僧侶の姿が多数みられた。

日本の葬儀のあり方としては、七世紀後半の天武天皇の頃までは、上層階級は殯《もがり》を伴う土葬との複葬を行っており、一般庶民は、風葬（遺棄葬、自然葬）、樹上葬、水葬、土葬など様々な葬られ方をしていたとみられる。仏教民族学者の五来重《ごらいしげる》は、様々な葬法の中で、火葬を「文化的葬法」とし、土葬を風葬と火葬の中間の葬法とみなしている。

日本では、火葬は、仏教とともに入ってきたもので、発見された最古の火葬墓は、大阪府堺市陶器千塚のカマド塚での二体の火葬人骨とされている。

しかし、葬送研究者の藤井正雄は、日本で火葬が行われたのは非常に早い時期として、次のように指摘している。「たとえば『防人令』を見ても、また、たとえば『叡岳要記』とか『比蘇寺縁起』のようなお寺に残されている文献を見ても、実は火葬が広まったのは非常に古くからだったことがわかります」（『お墓のすべてがわかる本』）。

公式の文献資料として最初に火葬されたのは、唐から禅や法相宗を日本に持ち帰った僧侶の道昭の葬儀（紀元七〇〇年）、そして歴代天皇で初の火葬をした持統天皇（天武天皇の皇后）の葬儀（七〇三年）とされている。道昭は、遣唐使の第一船で唐にわたり、玄奘三蔵と親交を結んだあと沢山の経典を持ち帰り、帰国後は禅の修行を続ける一方、土木工事を指揮したりした。行基は彼の弟子といわれ、火葬は道昭の遺言とされている。

さらに、奈良時代には歴代の多くの天皇が火葬されるようになり、平安時代の淳和天皇は、火葬されただけでなく、遺言によって自分の火葬骨を山に散骨させている（八四〇年）。奈良時代以降は、仏教が歴代の天皇家の葬儀に関与し始めた。

道昭や持統天皇の火葬は、遺体を焼いて骨化した後に遺骨を別のところに移して埋葬する点で「複次葬」と分類されている。八世紀以降に火葬は全国に広がったが、火葬墓の多くは土坑の中に骨臓器（骨壺など）を納めるものとなっている。奈良市で発見された太《おお》安万侶《のやすまろ》の墓は、火葬骨の骨臓器と墓誌を納めたものであった。

しかし、火葬が始まったと言っても、天皇、貴族や官僚、仏僧が中心で、庶民の間では風葬（遺棄葬）や土葬が一般的に行われていた。

D　奈良・平安仏教と葬儀

奈良時代になると、奈良の都には東大寺（盧舎那仏）、地方には国分寺、国分尼寺がつくられ、仏教は鎮護国家の目的とともに、仏典研究の学問のためとして奨励された。同時に朝廷は中国から鑑真和上を招いて（七五三年）、唐招提寺を建てるとともに、日本でも戒律を確立する道が開かれた。日本での授戒式は、東大寺の大仏殿の前で行われたほか、関東では下野（栃木県）の薬師寺、筑紫（福岡県）の観世音寺の戒壇院などでも行われるようになった。

南都六宗といわれた奈良時代の仏教の僧侶は、仏教の経論の学問をするのが中心で、葬儀にはタッチせず、平城京のお寺は葬式・埋葬とは無縁であった。

しかし、有力寺院の推薦が得られず授戒の機会のない僧侶は、行基のように、私度僧として、自ら僧を名乗り、土木事業や開墾、火葬等で活躍することとなった。

奈良時代には、聖武天皇が強く仏教に帰依し、東大寺建立をおこない、自らも「勝満」の戒名を名乗ったり、寺院をつくったりして、「国家鎮護の仏教」を広めた。しかし、一般庶民については風葬（遺棄葬）、土葬が行われていたようで、葬送における互助の考え方はまだ発達しなかった。

平安時代になると、南都仏教を批判し新たな形の仏教を起そうと志す最澄と空海が八〇四年に遣唐使に加わって唐に渡り、帰国後、最澄は比叡山で天台宗、空海は高野山で真言宗を興した。平安仏教は貴族仏教の側面が強く、天皇、貴族から寄進された広大な荘園を拠点に、僧兵を擁するなど勢力を強めた。

最澄、空海の双方とも「誰もが仏の救いを受けることができる」として、民衆にも一定門戸を開きつつ、貴族たちとの絆を強めていった。最澄とその後継者は比叡山で、後に活

東京府中市の神社に伝わる平安時代の仏像（郷土の森博物館）

躍する法然、栄西、親鸞、道元、日蓮などを育てたが、空海は大日如来を本尊とする密教に帰依し、「即身成仏」を主張、中国の進んだ技術や占術を民衆の間に広めた。

貴族たちが密教に求めたのは、呪術や病気の快癒、死後の往生などであった。仏教が貴族の間に広まった背景としては、医学・薬学、暦学等の学術や、寺の建立、仏像・仏具、仏画造り、楽器の演奏などの文化と結びついていたことがあった。

また、天台宗、真言宗は大掛かりな貴族の葬儀を請け負ったり、貴族の墓として卒塔婆、石塔をつくったりする道を開いた。とくに比叡山で修行した僧侶の源信は『往生要集』をまとめて、極楽浄土への往生の道を説いた。また、仲間たちと共に「二十五三昧会」という念仏講の結社の会合を開いて、法華経などの念仏を唱えたり、「臨死体験」を語らせたり、葬儀の相互扶助をしたりした。特に、『往生要集』は地獄について詳しく描いて、極楽浄土と対照させて往生の道を説いた。インドのバラモン教（のちにヒンズー教に改変される）以来の輪廻の思想と地獄・極楽の二分法は僧侶や庶民の間に広く浸透していった。

しかし、天皇、貴族は、仏僧も立ち会っての手厚い葬儀で葬られたものの、京の町には葬られない庶民の遺体がたくさん放置されていて、貴族を悩ましたことが当時の記録文書や日記などからわかる。

『日本三代実録』によると、八八三年には、政府は渤海の使節が入京するのに先立って、沿道の諸国に対し、路傍の死骸を埋めるよう指示している。他方、洛東の鳥辺野、洛西の化野《あだしの》、洛北の蓮台野などには、庶民の一部も火葬や遺棄葬で葬られる墓地がつくられ、近くの寺院では仏僧によって供養も行われるようになった。また、加茂の河原は庶民の遺骸が散乱する場所となっていた。

一般の庶民に仏教を布教したのは、「聖《ひじり》」とよばれる人たちで、その多くは、私度僧（沙弥）の流れを汲んでいた。彼らは粗末な僧衣に身を包み托鉢しながら、行き倒れの人たちの葬送を行い、民衆への念仏の普及も行うようになった。行基（八世紀）、空也（一〇世紀、阿弥陀聖、市の聖と呼ばれ、災害救援や火葬などで活躍）など庶民の生活に密着した私度僧らには、やがて鎌倉時代になると一遍、高野聖など新たな流派の人たちも加わることになる。また、天台宗、真言宗は、壮大な体系をもった教義で、多くの英才たちを教育して鎌倉新仏教が生まれる基礎を築いた。

（二）鎌倉仏教の誕生とその後の仏教・葬儀の大衆化

平安時代末期の比叡山、高野山での仏教の動きは、日本独自の仏教としての鎌倉仏教誕生の萌芽を含んでおり、鎌倉時代には、仏教は天皇や貴族を中心としたものから、武家や庶民を含む大衆化したものになり、日本全国を巻き込むものとなっていった。そして、その動きは、次第に日本の葬儀の様相も大きく変えるものとなった。中国では仏教は葬儀の中心にはならず、時代とともに庶民への影響力を失っていったが、日本では鎌倉仏教は庶民への浸透で、葬儀への関与を強めていった。

鎌倉幕府のもとで誕生した仏教の各宗派は、天台宗の比叡山などで勉学、修行した僧侶を教祖として新しい教義を打ち立て、それが弟子たちによって日本各地に伝えられ、従来の貴族層だけでなく武士とか庶民の間にも普及されるようになった。その背景には、武士の台頭によって、各地の共同体が、母系社会の家族構造から強力なイニシアチブを発揮する男性中心の家族構造に変えられ、生産技術の発達もあって、家長の男性をリーダーとする社会が再編成されたことがある。それは、鎌倉時代から室町時代、戦国時代にかけて、数百年をかけて、社会構造を大きく変えていくことになった。

鎌倉幕府のもとで、一番初めに新しい宗派の旗揚げをしたのは浄土教であった。すでに平安末期の頃から「末法の時代」として厭世的気運が広がる中で、武家や庶民までが救済される「西方極楽浄土」を求める浄土教布教の動きは始まっていたが、比叡山で学んで、数万ある仏教の教えの中から、「南無阿弥陀仏」の念仏を唱えさえすれば極楽に往生できると教えた法然によって、鎌倉仏教の活動が開始された。

法然の教えは、高度な学問や苦しい修行を必要とせず、誰にでもできる念仏をもとにしたものであり、密教僧に不信感をもっていた武士や百姓らの間で信奉するものが大量に生まれた。法然は四国に流され、弟子の何人かは処刑されたが、その教えは大きく広がり、さらにその弟子である親鸞によって、「人間はすでに大きな慈悲の心を持つ阿弥陀仏の救いを受けている」「悪人でも念仏さえ唱えれば救われる」などの教えによって、広がりを強めた。

親鸞も流罪で越後に流されたが、新潟、そして関東の茨城と行く先々で信者を増やし、京都でも勢力を伸ばした。四国の伊予にあって法然の浄土宗、親鸞の浄土真宗の教えを学び修行していた一遍もこうした動きに触発され、やがて、家族や随行者を従えて全国行脚の旅に出、行く先々で「踊り念仏」を唱えながら、信奉者を増やし、時宗の開祖となった。

東京府中市・称名寺にある一遍上人像

一遍と、教団を整備した真

教上人ら後継者は、遊行上人といわれ、行基や空也の系列に入る。庶民の中に入って阿弥陀経を唱えて行脚を続けながら、布教したり供養したりした。高野聖と呼ばれる人たちも鎌倉時代に、高野山から他の地方に出向いて托鉢、唱道、納骨などの活動を始めた。

これに対して、道元の開いた曹洞宗と栄西の開いた臨済宗は、「人間は禅の修行によって仏と一体となれる」と教え、庶民の手本となる生き方を求める武士の賛同と支持を受けたこともあり、武家や庶民の中に浸透していった。さらに、鎌倉時代後期には、「法華経が釈迦尊の神髄である」「南無妙法蓮華経の教えに帰依すべきだ」として、他宗を批判しつつ台頭した日蓮も、信徒同士の支えあいの必要性を説いて、関東から、佐渡、京都などに信者を増やしていった。

以上、鎌倉時代に生まれた新たな宗派は六つに上るが、平安時代に生まれた天台宗、真言宗も、教義と葬儀のあり方などで新しい装いを凝らして、新興宗教と張りあう形で地方に影響を広げた。関東でも成田山、高尾山、川崎大師などは真言宗の寺である。日本には、奈良仏教から生き残った若干の宗派（華厳宗、法相宗、律宗）と以上の八宗、さらに江戸時代に中国から伝えられた禅宗の一派である黄檗宗を含め、一三の宗派があるとされるが、主要な宗派は鎌倉時代末までに大概がでそろったことになる。諸外国でも、仏教の宗派がこれほど多い国はないという。互いが信者獲得合戦を繰り広げる中で、農村部と都市部、貴族と武士、庶民の中で、信徒を増やしていったのが日本仏教の特徴である。

葬法としては鎌倉時代から室町時代、戦国時代にかけては、火葬の比率が高かった京都、大阪、浄土真宗の門徒の多い北陸地方などの一部を除き、ほとんどが風葬・遺棄葬と土葬（墓としては塚墓、土壙墓、集積墓等）であった。石塔としては五輪塔、宝篋印塔、無縫塔などのモニュメントや板碑などが各地でつくられはじめたが、一番重要な変化は、一般庶民が日本の歴史上初めて、葬儀をして葬られるようになったことであった。それと、高野山では、鎌倉時代頃から、武士や庶民などの本山納骨を受け入れるようになり、それは現在もつづけられている。鎌倉時代の墓地遺跡として由比ヶ浜遺跡が発掘されているが、土葬の他、風葬されたものが多く見られる、と報告されている。

江戸時代に檀家制度で支配的になる葬式の方法について、室町時代（特に応仁の乱以降）に禅宗である曹洞宗が中心となって、位牌や戒名、読経、引導を伴う葬儀のあり方を考案し、各宗派に波及するが、それは儒教や中国の宋で生まれた葬儀の方式を輸入し、日本式に改変したものであった。したがって、仏壇・仏具の中には、儒教に起源を持つものが多く含まれていると言われている。

室町時代の末期頃までは、荘園を与えられていた大寺院は、権門の保護のもとに比較的安定した寺院経営をしていたが、応仁の乱を経て戦国時代になると、目まぐるしく守護大名が入れ替わり、安閑としていられない時代になった。他方では、守護大名は、比叡山焼き討ちなども辞さず寺院を勢力下に収めた。仏教系寺院は争乱の中で寺領を失ったので、経済的基盤を葬式、法要に求めざるを得なくなった。戦国大名の多くは、灌漑設備の整備や新田の開発などの農業の振興に力を入れたり、交通路を整備して商工民を保護したりしたので、農村の生産力は高まり、豊かになった農民たちは、農村共同体の村落（郷村）ごとに互助組織が生まれ、新たに自分たちで僧侶を雇い、寺院や阿弥陀堂、地蔵堂などをつくって、葬式を自分たちの手で行うようになった。葬法は、従来の風葬・遺棄葬から土葬、火葬に中心が移っていった。

ある調査によると、浄土宗の寺院の九割までが一六世紀から一七世紀に作られたとされているが、多くの宗派が戦国時代に農村共同体に入って勢力を広げた。新興の寺院の経営者には、鎌倉仏教の僧侶のほか、旧仏教の僧侶で落ちぶれたものなども雇われるようになった。また、戦国時代になって、三昧聖と呼ばれた人々が、中世前期まで野外で放置されていた縁者のない死者を葬るようになったこともこうした動きと呼応していた。

日本仏教の13宗派

・奈良仏教

華厳宗（本尊は盧舎那仏、中国伝来、本山は東大寺・奈良）
法相宗（本尊は唯識曼荼羅、中国伝来、薬師寺と興福寺・奈良）
律宗（本尊は盧舎那仏、開祖は鑑真、唐招提寺・奈良）

・平安仏教

天台宗（定めなし、開祖は最澄、比叡山延暦寺）
真言宗（大日如来、開祖は空海、細かい宗派ごとに本山が違う）
融通念仏宗（十一尊天得如来、開祖は良忍、大念仏寺・大阪）

・鎌倉仏教

浄土宗（浄土系の本尊は阿弥陀仏、開祖は法然、知恩院・京都）
浄土真宗（本尊は阿弥陀仏、開祖は親鸞、本願寺・京都）
時宗（「本尊は「南無阿弥陀仏」の六字、開祖は一遍、清浄光寺・神奈川）
日蓮宗（本尊はお釈迦様、開祖は日蓮、久遠寺・山梨）
曹洞宗（本尊はお釈迦様、開祖は道元、永平寺・福井）
臨済宗（本尊は定めなし、開祖は栄西、建仁寺・京都）

・江戸時代

黄檗宗（本尊はお釈迦様、開祖は隠元禅師、萬福寺・京都）

ポルトガル人宣教師ルイス・フロイスも「日本には、このような貧しい兵士や見捨てられた人々が亡くなると、聖と呼ばれる人たちが彼らを運んで行って火葬にする習慣がある」と書いている（『日本史』）。

こうして、仏

教寺院の多くは、この時代に「葬式仏教」の担い手になることが決定的になった。そして、全国を平定することに成功した徳川家康とその子孫のもとで、江戸時代の檀家制度がつくられていくのである。

（三）徳川幕府による寺請制度の確立

農村の村落ごとに寺院や阿弥陀堂などがつくられ、葬式や供養を行う動きは、戦国時代から江戸時代初期まで続いた。こうした中で、秀吉の時代から始まったキリシタン禁令は必ずしも期待した効果をあげず、全国でキリシタンになったものは、三〇万人以上に上ったといわれる。徳川幕府は、キリシタン禁令を引きついだが、キリスト教徒の広がりに脅威を感じ、島原の乱（一六三七〜三八年）の鎮圧後に、鎖国制度を敷くと共に、全国で寺請制度（檀家制度）を強化するようになった。

江戸時代初期の一六三〇年代頃までには、庶民の大半がどこかの寺の檀家として組織されていた。幕府はキリシタンとキリシタン以外の者を選別し、キリシタンは強制的に仏教に改宗させ、仏教徒と共に旦那寺に所属させる寺請制度を発足させ、島原の乱の前あたりまでにこれを各地に広めていった。そして、寺請制度が発足すると、幕府は、農民や町民の家長に、自分の家族の名前、続柄、年齢などを村役人、町役人まで報告させ、役人たちはそれらをまとめた帳簿をつくり、それを旦那寺に送った。旦那寺の住職は、その帳簿に記載された人間が間違いなく仏教徒であり、キリシタンでないことを証明するよう命じられた。こうして作られたのが、「宗旨人別帳」「宗門人別帳」であった。これをもとにして、寺の側はキリシタンでないことを証明した村落、町内のすべての家の葬式を支配する権限が与えられた。

そして、旦那寺は、寺院の境内や周囲に墓地をつくり、死者の埋葬と葬儀、納骨、先祖供養を独占するようになっていった。そのために、家ごとに故人の命日や没年齢などを記載した過去帳を作成するようになった。

旦那寺の住職は、こうして、すべての者の誕生と死没、結婚、離婚、移住、奉公人の出入りまで管理するようになり、出奔・駆け落ちなどで宗門人別帳からはずれたものに、隠れキリシタンの嫌疑をかけたり、差別をしたりするようになった。旦那寺は、幕府の権威を背景として、戸籍を管理し、庶民の生活を支配するようになった。この戸籍の管理は、明治維新政府によって戸籍が作成される一八七一（明治四）年まで長期間続いた。

他方、旦那寺は、各宗派の総本山から上納金の献上と支配、監視を受ける体制（本末制度）がつくられ、幕府は、各宗派のピラミッドの頂点にある本山を支配し圧力をかければ、末寺までを完全に統治できるようになり、行政の末端を担わせた。幕府の制度は、庶民には檀家からの離脱を禁じ、一宗派一寺の原則で、宗派同士の争いも禁止するものであった。こうした寺檀関係や本末制度をつくりあげるために、家康は、諸寺院法度などを作成するにあたって、ブレーンである僧侶・金地院崇伝の手腕を利用したといわれる。

檀家制度の下では、旦那寺の住職は、仏教の教義を究め信者に伝えることより、檀家から葬儀や年忌供養、寺院の修理などにあたって布施を集めることに腐心するようになり、僧侶の役目は「葬式仏教」の管理が中心になり、仏教は形骸化していった。旦那寺は、布施を集める手段として、死後戒名を巧みに利用し、布施の額と寺への貢献度次第でランクの高い戒名を与えるようにした。

檀家制度が世の中に貢献したことは、「寺子屋」などで読み書き算盤《そろばん》が教えられ日本人の教育水準を高めたこと、良心的な寺の和尚さんが手紙や訴状の代筆をして庶民を助けたこと、身寄りのない孤児を寺で預かって育てたことなどである。

この寺請《てらうけ》制度は徹底していて、神道の神主や儒学者、国学者などが、仏教以外の形式で葬儀をしようとしても、幕府は、神主本人だけは例外として、家族は仏葬をすることを強制した。このため、神道関係者、国学者らには幕府と寺院に対する不満と恨みが鬱積していて、明治維新を機に、それは爆発することになる。とはいえ、徳川幕府が二百数十年続いたことで、檀家制度と仏式葬儀はすっかり庶民の間で定着し、習俗に近いものになって、一朝一夕には改変しにくいものとなっていった。

この時代に出来た仏式葬儀の習俗の多くは現在に至るまで引き継がれているが、とくに江戸時代に顕著だったのは、一周忌、三回忌など葬儀後の年忌法要が「十三仏事」として忠実に行われ、さらに、中国伝来の盂蘭盆会《うらぼんえ》や春と秋の彼岸などの先祖供養なども盛んに全国でおこなわれるようになったことである。仏事での供養は、元々は儒教思想からでたものであったが、異教の風習を仏教に取り込み、法事として定着させていったのである。その背景には、農村共同体の自作農の間で、「イエ意識」が芽生え、田畑や山林を切り開いたり、稲作の水利施設を作ったりした先祖を供養しようとする意識が生まれたことがあった。こうした風潮が広がったのは元禄など江戸時代の中期頃だったとみられている。

寺の側は、過去帳を頼りに、寺への貢献度の高い檀家に対して良い戒名を与えたり、貢献度や布施の額が低い檀家には差別戒名をつけたりするようになり、戒名が檀家支配の道具にされるようになった。

江戸や大阪、京都などの都市部では、「三昧」と呼ばれる火葬場や葬儀業者も生まれ、葬儀の際には大名行列を模倣した葬列も組まれるようになった。

(四) 明治維新の神仏分離と明治民法の成立

二百数十年続いた徳川幕府が倒され、薩長を中心とする勢力によって明治政府が発足すると、日本の仏教界、宗教界には大きな異変と混乱が起こった。その混乱は約一〇年続いたが、天皇制政府は神道を採用する一方で、仏教を体制維持の道具として使う方向に転換した。そして、明治民法の成立によって「絶対主義的天皇制」のもとで「イエ制度」と「葬式仏教」を政治利用する方向に進んだ。これが、太平洋戦争の敗戦後に「日本国憲法」が成立する一九四七年までつづき、日本の葬送の制度は封建遺制を残存させたまま進められた。

A　神仏分離と廃仏毀釈

明治政府は、維新を断行した年（一八六八・慶応四・明治元年）の三、四月に一連の神仏分離令を発令した。これは、神仏習合で神社に同居していた仏教寺院を切り離し、神道を独立させるものであったが、仏教関係者を追放し、僧侶を還俗させたばかりか、全国で数万の寺院の打ち壊しや廃寺を伴う大規模な「廃仏毀釈」に発展した。それまで仏教寺院が独占していた葬儀を神道職が行うよう神葬祭を認める法令も出された。

廃仏毀釈は、全国に波及し、仏像、仏具を破壊したり、寺や経堂、五重塔を焼き払ったり、乱暴狼藉を働いたりする動きが各地で発生した。特に、水戸や佐渡、鹿児島、宮崎、高知、伊勢、松本などではこうした動きが激しく、鹿児島や宮崎、高知では仏教寺院が壊滅的状況になる一方で、松本でも寺院の数は半分以下に減少した。国宝級の仏像なども、焼かれたり、二束三文で売却されたりした。哲学者の梅原猛は、廃仏毀釈がなかったら国宝の数は優に現在の三倍はあったはずだと推定している。廃仏毀釈が完全に終息したのは明治九年頃で、国内の寺院数は九万から四万五〇〇〇に半減した。

江戸時代末期から、江戸時代の檀家制度、仏教の葬式独占を批判していた神職や国学者は、明治政府に入り込み、政府がこうした動きに出るのを助長し、神道による葬儀を推進した。島崎藤村の晩年の作品である『夜明け前』は、主人公の青山半蔵が、中山道の馬籠宿や東京、岐阜などで、国学者や神職と呼応して活動する姿を活写している。

こうした騒ぎの中で、一九七一（明治四）年には寺請制度が消滅し、宗門人別帳の作成も廃止された（明治政府が戸籍制度＝壬申戸籍を発足させた）。翌七二年には、東京市内に四カ所の神葬祭墓地がつくられる一方、自葬祭禁止（キリスト教の葬儀を禁止）を発令し、さらに翌明治六年には火葬禁止令が出された。しかし、火葬禁止は、東京、大阪、京都などの都市部では土葬墓地は確保が困難であったため、二年後の明治八年には撤回された。

この時期に、明治五年には、政府は「自今僧侶、肉食、妻帯、蓄髪等の勝手たる事」という布告をだし、徳川時代に戒律や倫理に縛られて、肉食や結婚を控えていた僧侶の倫理規定（五戒＝不殺、不盗、不妄語、不淫、不飲酒のうち後三者）を解除し、僧侶も一般庶民と同じ生活をしてよい、ということにした。これによって、僧侶は最低の法的規範を守るかぎり、追放・糾弾されることはなくなったが、同時に、庶民からの尊敬も失うことになった。僧侶が破戒しているのに、死後戒名を授与するのはおかしな話だとみなされ始めたからである。

こうした混乱は、政府自身が、神祇省を廃止したり、高位の神職の神葬祭関与を禁止したりしたことなどもあって次第に下火になっていった。なお、天皇家では、江戸時代までは仏教の葬儀を行っていたが、明治維新以降は、国家神道を奉じることになり、葬儀も神道式に変えられた。

庶民の葬式や墓地については、一八八四（明治一七）年の墓地埋葬取締規則で、宗教から分離されて埋葬は許可制になり、神葬祭墓地は行政の管理下に移された。これは、公衆衛生と治安維持の観点からとられた措置であった。そして、この時からキリスト教の葬儀も公認された。

B　明治民法の「イエ制度」温存

明治政府は、一八八九年に「大日本帝国憲法」を公布し、翌年第一回帝国議会衆議院選挙を行ったあと、九八（明治三一）年に民法（明治民法）を制定した。明治憲法は天皇を神とあがめるものであったが、同時に、忠孝を柱とする儒教道徳を復活させ、国父である天皇に絶対服従させるために、教育勅語や国定の修身教科書をつくって国民を洗脳教育することになった。こうした動きについて、葬送研究家の井上治代氏はこう書いている。

「われわれは、日本という大きな『家』においては、天皇の臣民であり、『赤子《せきし》』としてひれ伏し、さらにそれぞれの『家』においては『家長』のもとに従うべしと。……当時の人々は二重の権力構造に支配されていたのです」「人々に万世一系の天皇に対する忠誠心が植え付けられ、戦争にあっては『天皇』と『お国』のために命を投げ出すという国民感情がかたちづくられていったのです」（『よりよく死ぬ日のために』、理論社）

明治民法では、家をめぐる権利や義務といった「家督」はすべて一家の「戸主」のものであると定められ、「系譜、祭具、及ヒ墳墓ノ所有権ハ家督相続ノ特権ニ属ス」と書かれている。そして、戸主が死亡したあとの相続にあたっては、「イエ」の長男が優先的に引き継ぐとされ、墓は「イエの墓」とみなされたのである。妻については、婚姻によって夫の家に入る、と定められていた。

このイエ制度が、終戦直後まで家族と国全体をしばり、墓については、「妻たるもの、守るべきは夫の家で、夫の墓たるべし」という世間の目をつくったのである。

したがって、この頃からつくられ始めた墓は、石塔一つで一家の複数死者祭祀をするために、「先祖代々之墓」あるいは「〇〇家之墓」であり、廃仏毀釈から立ち直った寺と僧侶は、その番人とされ、檀家制度は廃止されたのに存続したのも同然とみなされた。また、都市部を中心に火葬が多くなるにつれて、石塔の下にはカロウトと呼ばれる骨壺入れが備え付けられるようになっていく。

大正期には、告別式が普及する一方で、従来の中心的な葬儀儀礼の一つであった葬列が廃止され、変わって霊柩車が登場した。

一九四五年の太平洋戦争の敗戦後、四七年に、国民主権と民主的権利、男女の平等などをうたった新憲法「日本国憲法」がつくられ、民法もこれにあわせて翌年に改定されたが、それは、実質的にイエ制度を温存させようとする意図が背後に透けてみえるものであった。

改定された民法の八九七条はこう書いている。

「系譜、祭具、及び墳墓の所有権は、前項の規定にかかわらず、慣習に従って祖先の祭祀を主宰すべきものがこれを承継する。但し、被相続人の指定に従って祖先の祭祀を主宰すべきものがあるときは、その者がこれを承継する。

②前項本文の場合において慣習が明らかでないときは、前項の権利を承継すべきものは

家庭裁判所がこれを定める」

この文言は、墓の承継にあたって、優先順位を①被相続人の指定、②慣習、③家庭裁判所の判断の順番にしているが、それまで通り長子（長男）が相続すると錯覚させ、つまり旧民法のひそかな温存を可能にしようとするものであった。例えば、東京都の霊園運営規定では、「長男子以外の者が承継者になるには、長男子の同意を必要とする」と一九七一年に書かれ、その後完全にこの規定がなくなったのは一九九九年であった。なお一九四八年には、一八八四（明治一七）年の墓地埋葬取締規則に代わって、「墓地埋葬等に関する法律」（墓埋法）が制定されたが、骨子は明治時代の「規則」を踏襲したものであった。

（五）新憲法下での変化

前項で述べたように、明治民法は、紆余曲折はあったが、江戸時代の葬儀や墓の状況を受け継ぎ、天皇制のもとでの、「イエ」を基盤とした葬送の制度を僧侶が番人となって守ってきた。新憲法・民法ができても、葬儀と墓の制度は、一朝一夕には変わらなかっ

田舎の伝統的な葬式行列（国立歴史民俗博物館に展示）

た。仏教寺院は廃仏毀釈の際に約半数の四万五〇〇〇ヵ所に減ったと述べたが、その後息を吹き返した寺院も多く、現在では七万七〇〇〇ヵ所程度に増えている。そして、あたかも檀家制度が依然として存続しているかのように多くの寺院と僧侶は振舞い、各所で庶民との間で摩擦とトラブルを引き起こしてきた。寺院は、檀家の墓地を境内に囲い込んで、墓を「人質」にして、こうしたやり方を強引に押し通してきたのである。

しかし、一つ確実に変化が生じている点は、第二次大戦後の農地解放で、寺が不在地主であった田畑は小作農民の手に引き渡され、農村部の寺院が厳しい経営をしいられていること、それと、都市部の寺院も含め、寺院同士の格差が激しくなっていることである。

戦後の寺院制度では、住職のいる寺院の多くは宗教法人の資格をとり、税金を安くする仕組みと、各宗の本山から直接支配されない仕組みができた。しかし、農村部の過疎化が響いて、「檀家数」の目減りがはげしく、無縁墓の整理などもままならない寺が増加し、住職が不在で、他の同宗派の住職が兼任している寺院が増えている。一般に檀家が三〇〇軒以上いることが、寺の経営の「採算ライン」といわれているが、到底それに及ばないために、兼業で別の職についたり、保育園経営などをしたりして生計を維持する寺院が少なくない。

他方、都市部の寺院は、農地解放の影響をほとんど受けず、檀家数も人口の都市への集中であまり減っていない。寺の境内の一部を貸しビルや駐車場にして収益増をはかっている寺院、観光や参拝のパワースポットとなって多額の賽銭収入がはいっている寺院、さらには永代供養墓や納骨堂などを建てて、新たな収入確保の道を探っている寺院などは、金回りが豊かである。半面では、それらの寺の住職らが、高級車を乗り回し、クラブで札束を撒くことなどは、ひんしゅくを買っている。

しかし、第一章でも紹介したように、戦後六〇～七〇年以上を経た平成の時代には、葬儀のあり方についても墓の問題でも少なからぬ変化がでてきた。これらの動きは、今すぐ寺への決定的な打撃に繋らないにしても、早晩さらに寺院離れに拍車がかかり、「葬式仏教」を見捨てる動きがでてこないとも限らない。創価学会、霊友会、立正佼成会などの新興宗教が実質的に、旧来の仏教をしのぐほど力をつけてきたのも、その背景には、旧仏教勢力の傲慢な姿勢と危機感のなさ、庶民を結集する力の弱まりなどがあることは間違いないだろう。

また、新民法のもとで七〇年以上が経ち、「イエ制度」は名実ともになくなり、実際上も少子高齢化、核家族化の進行の中で、「イエ概念」そのものが空洞化し、死者を葬る役割も、墓を維持する役割も十分に果たせなくなっている。この中で、これに代わる葬送の形態が揺らいでいて、新しい制度の模索も滞っている。一九四八年制定の「墓地埋葬等に関する法律」は、抜本的な見直しが必要な時期に差しかかっているといえる。

その意味で、平成が終り、「令和」となった後の今後の二〇年、三〇年は、葬送問題全体が変化する中で、仏教寺院と僧侶たちは大きい試練に立たされるといえよう。

（六）戒名は不要な習俗

A　死後戒名には国民の過半数が反対

戒名については、多くの人が著書を出版して様々な論議を繰り広げている。仏教関係者は、これだけは絶対譲れないとして多数が戒名擁護の論陣を張っているが、学者や評論家の中には戒名に対して疑問を表明したり批判をしたりする人が少なくない。

戒名ができたのは、仏教が中国に伝えられてからで、中国では昔から字《あざな》などでペンネームのような別名を使う風習が強かったから、出家した僧侶に対して二字の戒名が与えられていた（在家信者には与えられなかった）。仏教伝来後の日本でも、奈良時代の聖武天皇に「勝満」、平安時代の摂政・藤原道長に「行覚」など半出家の権力者に戒名が与えられ、その後鎌倉・室町時代、戦国時代の将軍や大名などでも戒名を持っていた者が少なくなかった。しかし、葬式で死後に戒名をつけるのが庶民の間で一般化したのは、戦国時代から江戸時代になって檀家制度ができ、葬式の様式が定型化してからである。

　この葬儀の様式の定型化にあたって、中心となったのは曹洞宗だといわれている。曹洞宗は、中国の宋との交流の中で、中国の禅宗が使っていた『禅苑清規』という書物の葬儀の様式を導入し応用して、在家の信者が死亡した場合に、死者を修行中に死去した出家者に見立てて、剃髪し、戒名を与え、引導を渡す方式を葬儀に用いることを考案した（今でも葬儀の際に棺桶に剃刀を入れるのは「剃髪」の名残である）。曹洞宗でも開祖の道元は、在家の信者に戒名を授与することは認めなかったが、四代目で中興の祖とされる瑩山紹瑾は、在家の信者の葬儀を引き受けることこそ曹洞宗が力を伸ばす源泉になるとして「葬式仏教」に専念した。そして、同宗を中心に、在家の信者の葬儀の式次第の中に「死後戒名の授与」を入れ込んだ（没《もつ》後《ご》作《さ》僧《そう》）。それが、江戸時代中期までに各宗派に広がり、在家の死者の葬儀で戒名をつける方式が普及したものといわれる。時代が下るに従って、戒名に院号、道号、位号などが加わり、戒名は長くなった。

　したがって、在家の信者の葬儀で戒名をつける風習はさほど古いことではなく、江戸時代の檀家制度確立後の習俗である。各宗派は、この戒名をつけるにあたって、寺への貢献度や布施の額にしたがって、院号をもつ良い戒名にしたり、「居士」「大姉」などの位号をいれたり、部落民には差別戒名をつけたりするなど、格差をつけた。（浄土真宗は、念仏で極楽浄土に行けるとしている建前から、戒名という言葉の代わりに法名、日蓮宗は法号という言葉を使っている）。徳川家康などの権力者に対しては、院号より上の「院殿号」と「大居士」を入れた戒名をつけており、僧侶の側から権力にすりよる姿勢が示されている。

明治維新後もこの死後戒名の制度は仏式葬儀の根幹として残され、その後も戒名は有名人と無名の人の間で格差が顕著なまま維持され、現在では、寺院からお金（戒名料、布施）の額次第で良い戒名をもらえるようになっている。「寺から戒名料として一〇〇万円以上を要求された」などの言葉はよく聞かれる。ロッキード事件の贈収賄で失脚した元首相の田中角栄は、平成ではめずらしく院殿号と大居士のついた死後戒名を付与されている。

こうしたことがあるために、戒名料（寺院側は布施の一部とし、「戒名料」の名称を否定）がかさんで「葬式費用が高い」という批判が広がり、「葬儀無用論」もこうした批判の中で「戒名不要論」とセットで出されているのが特徴である。

全日本仏教会は、こうした批判に対し、既述の寺内大吉と山折哲雄氏の論争（寺内は戒名を「死者への勲章」と発言）のあとに「戒名料という言葉は使わない」という提言を発表した（一九九九年）が、それ以上踏み込んだ説明をしておらず、檀信徒の中では「戒名についての僧侶からの説明は納得がいかない」という不信の声が上がっている。

ここで若干、識者の著書の中から、戒名についての見解を紹介しておこう。

「死後戒名がなくても仏式のお葬式はできますが、『戒名はいらない』などといえば、ふつう僧侶はお葬式をしてくれませんし、お寺への埋葬を拒否されることもあります」（『納得いく葬式は二〇万円からできる』牧野恭仁雄、主婦の友社）。

「戒名は日本仏教の中核に位置する概念であり、それをちゃんと説明していないというのは、情報非公開などといったレベルの問題ではなく、宗教の根幹に関わることではないかと思う」「『ちゃんと説明しては困ることが起きる。現在のように、きちんと説明せずにおいた方が好都合だと、意図的に説明を避けているのではないかと思ってしまう」（『がんばれ仏教！』上田紀行、ＮＨＫブックス）。

「もし釈尊が現代によみがえり、日本における仏教の現状にふれたとしたら、僧侶がもっぱら葬送儀礼を営んでいることに驚くであろう。そして、戒名の存在を聞いたとしたら、大いに首を傾げるのではないだろうか」（『戒名』島田裕巳、法蔵館）。

「立派な戒名を見ると、極楽の阿弥陀仏がにっこり微笑んで、西方浄土に迎え入れてくれるわけではありません」（『前衛仏教論』町田宗鳳、ちくま新書）。

「葬儀において死者は〝没後作僧〟されるのだから、葬儀後のイメージは『僧形』であるはずだ。ところが現実に檀信徒の場合、自分の夫や妻あるいは子どもが『僧形』の姿で修行しているさまをイメージできるであろうか」「多くの人は多分、ありし日の生きている姿をあの世にイメージしていることも多いのではあるまいか」（仏教学者・佐々木宏幹『「ほとけ」と力』、吉川弘文館）

ちなみに、「読売新聞」が平成二四（二〇一二）年二月から三月にかけて行った全国調査（郵送方式）では、戒名（法名）が「必要ない」と答えた人は五六％で、「必要だ」の四三％を大きく上回った（同紙四月七日付）。こうした傾向は今後ますます顕著にならざるをえないだろう。

B　戒名を使っているのは日本仏教だけ

現在、世界を見渡して、「戒名」制度があるのは、日本仏教だけであり、インド、中国にも韓国にも台湾にもない。しかも日本の死後戒名はせいぜい三〇〇年か三五〇年前に「葬式仏教」の便法として取り入れられた習俗であり、日本の古くからの伝統というわけではない。

仏教界の側で、戒名についてきちんとした説明ができないのは、戒名は仏教の教えとは無関係の所から生まれ、維持されてきたからである。仏教の僧侶も、戒名のつけ方のノウハウは学ぶが、それを仏教の教えと関連付けて教えられてはいない。僧侶が深くその由来を学ぼうとしたら、必然的に日本の仏教批判に行きつくしかない。ところが、僧侶にとっては戒名は「商売道具」なのだから、自ら批判をしたりはできない。それに、良い戒名をつけてもらって喜んでいる政治家や著名人が多いのだから、従来、戒名への批判がでなかったのは、社会の構造的原因があるからだと言わざるをえない。学者にとっても、根本的な戒名批判は仏教界を敵に回す可能性があるから、一種のタブーになっているのである。

そして、戒名は、「見えない権力」として、現在の秩序＝格差社会を維持、継続させる役割を果たしている点も指摘せざるをえない。寺院は、政治・経済の実権を握ってはいないが、戒名制度の背後には、体制維持勢力が控えているのである。

しかし、よく考えてみると、親が折角つけてくれた立派な名前＝自分の生涯の呼称を捨て、死後は戒名だけになるのだから、親にも自分にも非礼である。今の時代の若い人を含め、多くの人を納得させられないのは当然であろう。

また、戒名は、漢字の言葉遊びのゲーム感が拭えず（コンピュータの戒名作成ソフトも販売されている）、そんなものに振り回されるのは仏教の本旨からはずれている。仏教の経典には戒名のことは一切記されていないし、自分だけでなく他者をも救済するという大乗仏教の建前にも、死後戒名は反している。

インドでは釈迦の時代から戒名はなかったが、そもそも漢字を使わない国だから戒名はつけようがない。中国でも在家者への死後戒名などというものは全くなかった。日本の近代の墓碑には「俗名」として生前の名前（実名）も残している例が多いが、これは戒名だけでは、墓参りに行っても誰の墓だかわからないからであろう。

こんな国際的にも類例のない戒名を、日本だけ、きちんとした説明もないまま残していいものだろうか。筆者はそうは思わない。国際的にも、公然とした格差を容認する戒名は、恥ずかしい限りだと思う。時間がかかるとしてもこんな不要な習俗はやめる方がよい。もし戒名をつけなければ葬儀をしてくれないというなら、仏教式葬儀はやめ無宗教葬にするか、寺と縁を切るしかないだろう。戒名がなくても立派に葬儀をしている例はいくらでもある。

「仏壇のはせがわ」の位牌コーナー

明治以後、公式には檀家制度はなくなっているのだから、戒名がなければ葬儀もしないし、墓も認めないというのは仏教寺院の横暴であり、奢りである。

私の提案は、寺の側で檀信徒に譲歩して、「希望者だけに戒名を与える」という方針に転換することである。それが寺の収入にかかわっても、理にかなっているのだから、在家の信者に責任を押し付けるべきではない。その方が、寺院や僧侶にしても、一般庶民から尊敬される道を探る契機になるだろうし、できない戒名の説明で四苦八苦することがなくなって、すっきりするのではないだろうか。

現に、日本仏教でも、そのようにしてい

る寺院や僧侶は少なからずある。その人たちを異端視したり、裏切り者扱いするのはやめ、仏教界全体が改革の道を探るべきだろう。そうでなければ、一六世紀の初頭にキリスト教で「免罪符」販売を批判してマルチン・ルターらのプロテスタントが生まれたように、仏教界内部から造反の動きがでてくる可能性もある。

ついでに位牌も、中国で孔子の時代に儒教式葬儀の中ではじまり、後の時代に日本に伝来したものであるが、これは日本的仏教の習俗の一つとしてかなり長期間馴染んでいるので、残しても実害はないだろう。ただし、位牌に死後戒名を書くことはやめ、俗名（実名）を書く方向に変えていった方がよいと思う。世界標準は、墓誌には実名と生年、没年だけを書く方向になっているのだから、そうして然るべきである。日本の良識的な人たちも、本心から死後戒名のようなものを欲しがってはおらず、世の中の風潮に流されているだけではないだろうか。

C　お経について

お経は、すでに述べたように、インドなどで釈迦の死後にパーリ語、あるいはサンスクリット語で書かれた経典を漢語（中国語）に訳したものである。ほとんどが「如是我《にょぜが》聞《もん》」から始まり、釈迦の言ったことを周囲の人が記した形式をとっている。中国から日本に仏教が伝来した当時には、日本語の仮名文字はなく、知識人は漢文が読めたから経典の漢文をそのまま読み下したものである。中国語に翻訳した鳩摩羅什や玄奘三蔵などの文章が見事だったせいか、お経を聞いていて独特のリズムが感じられる。バックグラウンド・ミュージックとして聞けば最適かも知れない。

しかし、お経は、葬式や供養のために書かれたものではなく、江戸時代から葬儀や法事の際に便法として使われるようになったものである。葬儀や法事の参加者は、意味が理解できず、退屈している人が大半であった。日本では、その後、経典を日本語に翻訳する作業は、経典の数が膨大であったこともあって一部を除いては行われなかった。何しろ、キリスト教の聖書と比べて、一冊や二冊の本に収めることは出来ず、全集に当たる大蔵経（一切経）は、一〇〇〇ページの大型の本で一〇〇冊もある。中国では廃仏毀釈の時代に多くの経典が失われ、大蔵経が揃っているのは日本だけといわれる。

現在行われる仏式の葬式や法要の際には、僧侶は、聞いている信徒が退屈しないように、少なくとも「何という表題のお経で大要はこんな意味です」くらいの説明はした方がよいだろう。その方が、葬式や法要をずっと意味深いものにできると思う。そうでなければ、お経は短く切り上げて、きちんとした法話を参列者に対して行い、参列者を納得させるよう努力すべきである。そのことこそ、僧侶の正念場となるものであり、鼎《かなえ》の軽重を問われる場面である。

（七）無宗教葬・自由葬、神葬祭、キリスト教葬など

現在の日本の葬儀では、長らく全体の九〇％以上を占めていた仏式葬儀が平成末に八七％程度に減り、その代わりに無宗教葬、神葬祭、キリスト教による葬儀など多様化がみられるといわれている。無宗教葬は、日本消費者協会の二〇一三年アンケート調査では東京、埼玉、神奈川など都市圏で一〇％に達するという数字もあるが、葬儀社が宗教葬儀をするよう促していることもあって、無宗教葬の件数はさほど増えてはいないようである。

一つは、無宗教の葬儀が、はっきりとした葬儀形態を確立できておらず、葬儀社、葬儀をする人によってバラバラの形式をとっている点もあり、「宗教者の話は理解できないが、

無宗教葬でも心許ない」という点があるようだ。しかし、日本消費者協会の調査の別の質問では、「今後の葬儀のあり方」について、半数以上（五四・三％）が「形式やしきたりなどにこだわらない自由な葬儀があってよい」と答えているので、今後無宗教の葬儀が大きく増加する可能性は十分ある。

現在行われている無宗教葬では、「プロジェクターで思い出の映像を流す」「音楽葬」などが多く、あとは、黙祷と献杯、献花、葬送の言葉などで儀式の部分を代用している例が多い。

このため、仏教の葬儀について「形式主義に流れている」「お経が長すぎる」「出費が多すぎる」などの不満を抱えながらも、葬儀社や周囲の親戚などの意見に流されて心ならずも仏式の葬儀をしている人が相当多いことがわかる。日本人は、九割近くが仏式葬儀を行いながら、世論調査をすると七割が「自分は無宗教」と答えている。そこには大きい矛盾があり、今後、葬儀のあり方が大きく変わっていくことは避けられないだろう。

葬儀をする人と故人が、納得がいく葬送を自分で選ぶという意味、「伝統的な葬儀儀礼からの自由」という意味で、自由葬・オリジナル葬という言葉も最近使われるようになっている。それは、無宗教葬だけでなく、直葬（密葬）、家族葬、一日葬なども含めた言葉のようである。これがどのような方向に進むかは、今後の大きい注目点とみられている。

仏式以外の宗教葬では、神葬祭、キリスト教の葬儀などがそれぞれ全体の一％強を占めているが、神葬祭については、明治維新後の廃仏毀釈の時代に神葬祭を始めて、盛んに行われた時期があったものの、神道が死者の「ケガレ」を排除する傾向が強いことや、国家神道が地方の伝統や習俗を十分に吸収できなかったこともあって、神葬祭の様式も、祭壇に榊を置いて供物をそなえ、神職が祝詞《のりと》をあげ、親族が玉串を捧げる程度で、仏式の確立された葬儀に対抗できるだけの満足感を遺族に与えきっていないようである。

キリスト教は、江戸時代の長期間禁制になっていた上に、明治になっても暫くはその活動が合法化されず、日本での布教は遅れをとったために、葬儀についてもキリスト教徒以外にはあまり広がらず、現在でもあまり多くの比率を占めてはいない（結婚式では比率が高いが）。キリスト教では、神父・牧師が、死の前から遺骨になるまで故人や遺族に付き添う例もあるが、教会が受け取るのは五万円程度と安いようである。

イスラム教徒は、日本ではきわめて少数であり、イスラムの習慣にしたがって、火葬はせずに土葬をおこなうことを堅持しており、北海道や山梨県、静岡県などにイスラム教徒専用の土葬墓地がある。葬儀は通常モスクで行われ、埋葬場所まで運ばれる。

それと、仏教、神道、キリスト教の葬儀、無宗教葬、自由葬などすべてに対応して市営葬儀を行っている自治体があるので、紹介しておきたい。

東京・立川市では火葬場は近隣自治体と共同運営であるが、斎場（葬儀場）は立川市市営のもので、葬式はシルバー人材センターが執行し、立川市民の場合は安価で市営葬儀を行ってもらえる制度がある。年間二百件前後の利用者があり、市民に好評である。大阪府茨木市でも同様な安価の市営葬儀の制度があり、市民の多数が利用している。京都市にもかつては市民葬儀の制度があったが、低価格の民間業者の出現で利用者が減少したため、二〇〇五年に五五年間つづいた制度が廃止されている。行政が安価で可能な葬儀のイニシアチブをとることは、もっと全国に広がってもよいのではないだろうか。

（八）柳田国男の「氏神＝先祖」論について

戦後の日本で、先祖崇拝のシステムを体系化し、その意義を強調したのが民俗学である。特に柳田国男が敗戦前後に執筆し、戦後に発表した『先祖の話』は日本で民俗学の世界を切り開くのに大きい役割を果たした。

柳田国男は、農村共同体で祀られている氏神と各家で祀られている先祖を一体化してとらえ、先祖の霊は子孫の住む村の近くの山にとどまっていて、正月や盆には田の神としてでてくる、つまり、田の神＝山の神＝先祖の霊という図式を提示した。そして、氏神も結局は先祖の霊と同じものだと説明されている。また、葬儀や墓は単に死者を葬るものではなく、その家族や親族、関係者を序列化し、しきたりとして強制力を発揮するものだとされている。柳田は仏教を排斥し、自らの学問を「新国学」と呼んで、平田篤胤流の神道的なものに賛意を表明した。

柳田の文章は、オブラートにくるんだような迂遠な表現が多いが、よく吟味していくと結局は、先祖の霊を祀ることで、家や村の統合をはかり、それを国家にも結びつけようとするもので、戦前の天皇制や「イエ制度」の温存と擁護をはかった明治憲法・民法に通じるものが感じられる。

新民法制定前の柳田の主張は、農村居住者が大多数だった戦前の日本では通じても、村落共同体の崩壊と都会への人口集中が進み、家族に対する考え方もすっかり変わった現在では、通用しがたい、との指摘がある（『墓は造らない』島田裕巳）。他方、柳田は、『先祖の話』の自序で、「国のために死んだ若者」が無縁仏になりかねない、として、「死者が跡取りならば世代に加える制度をつくるもよし、次男や弟たちならば、これを初代にして分家を出す計画を立てるもよい」と述べているが、時代錯誤の主張といえよう。

また、お盆の際の「迎え火」「送り火」についての柳田国男の論考について、民俗学者の岩田重則氏は、「柳田における資料整理から結論の提出にいたる過程を見たとき、そこにおいて、現実の把握が正確に行われていたかどうか、さらには、結論を導き出すための分析の手順が適切であったのかどうか、疑問を覚えざるを得ない」（『「お墓」の誕生』岩波新書）との指摘をしている。他方、仏教学者の上別府茂氏は、柳田の葬送についての研究を評価しつつ、「しかしながら、これらの研究成果には着想の単なる思い付き、歴史性の欠落など民俗学が内包する短所が露呈するとともに、著者がとくに指摘するように、仏教から葬墓習俗をみるという視点に欠けていた」（五来重『先祖供養と墓』解説）と批判している。

民俗学が、日本の葬儀や墓について実証的研究を積み重ね、多大の貢献をしてきたことには敬意を表したいが、柳田国男の思想、言動とは距離を置いて考えるべきであろう。

第四章　日本でのお墓の歴史と現在の問題点

都立八王子霊園に並ぶ洋型墓

お墓の歴史は、人類の歴史とともに始まるが、有史以前については考古学に頼るしかない。

（一）大林太良の指摘

考古学者の大林太良は、一九七七年に出版した『葬制の起源』（角川選書）で、一九世紀末に、人類学者のフロベニウスが書いた論文の次のような部分を引用して、同氏の見解を述べている。

「未開民族が、死者を家の外に運び出して、墓穴に埋め、土をかけるのは、死者と関係をもたないようにするためだ。これは幽霊を恐れる結果である。このような行いをするのは死者への恐れがまさっているからだ。これに反して、死者への愛情と尊敬と死者への関係を維持しておこうという努力がまさっているときには、反対のしかたが始まり、死者をできるだけ保存しようとする。未開民族はいつも死者への恐れと死者への尊敬の間を動揺しているので、それに応じて、あらゆる葬式の習慣も死体の破壊と死体の保存の間を動揺している」

大林は、これについて次のように述べている。

「このフロベニウスの基本的構造は、今からみても、驚くほど新鮮である。死体保存と死体破壊、この二つが基本的なものであるという点は動かぬところであろう」

そして、大林がまとめ直している点は次の三点である。

一、死体を見捨てること。これは死にかかったものを見捨てるのと、死体から逃走するのと二種類がある。シュテーアは別にしているが、単純な死体放棄もここに入ろう。

二、死体の破壊。これには死体放棄の特別の形式、たとえば「沈黙の塔」などの鳥葬があるほか、火葬がある。

三、死体をしまうこと。地中にしまうのには、墓地への埋葬、その他のところの埋葬があり、地上に死体をしまうのは、樹上葬や台上葬である。また洞窟内に死体をおさめる方法や、海中や沼沢の中におさめる方法もある。

実際、大林のこの指摘を人類の有史以前からの葬法、お墓のあり方にあてはめれば、大抵は該当するということができる。つまり、遺棄葬（風葬）、鳥葬、火葬、土葬、樹上葬、水葬などがそれである。それは、世界全体を網羅するとともに、日本での有史以前からの葬法全体について説明がつくものである。

（二）日本の有史以前からの葬り方

A　縄文・弥生・古墳時代

葬送問題研究者の藤井正雄は、葬送について次のように指摘している。

「『葬る』はハフル、ハウムルと読み、放棄を意味します。すなわち、死体の遺棄の葬法をあらわしています。いうならば、原始・古代にあっては、死は超自然的な原因によっておこるとされ、死者は異常な状態にある危険なもの、汚れたものとされ、その霊は生者に対して害をなす恐ろしいものと考えられたといえます」（『お墓のすべてがわかる本』）。そして藤井は、「日本は死体遺棄の国」と述べている。

縄文時代は今から一万数千年前から、弥生式土器の生まれる紀元前一〇世紀頃まであるが、代表的遺跡は、青森市近郊の三内丸山遺跡である。この時代には、すでに遺体を土

東京・府中市の郷土の森博物館に展示された縄文式土器

葬する風習が生まれていた。当時の墳墓の中心は住居の近く、あるいは廃屋の中、貝塚などであり、しばしばその一隅の共同墓地とみられる所から多くの人骨が発見されている。全国で二〇〇〇近い貝塚が確認されているが、大部分は縄文式文化時代のものである。当時は死体を遠くに運ばず、住居の近くに葬っていた。当時すでに貝塚の一角の地域を墓地とする風習があったと考えられている。三内丸山遺跡の一角の土壙墓からも埋葬された人骨が発見されているし、秋田県鹿角市の大湯環状列石は縄文時代の大掛かりな墓地とみなされている。土壙墓に埋葬された遺体は屈葬と伸展葬の双方があった。円形広場では祖霊の祭りも行われたとみられている。

次の弥生時代になると、集落の外に墓地が設けられるようになり、方形周溝墓の中から木棺や、甕棺、石棺などに遺体を入れて葬った跡が見つかっている。佐賀県の吉野ヶ里遺跡からは、二〇〇〇もの甕棺墓や墳丘墓が発掘されている。自然石の支柱の上に大きな平石を乗せた支石墓が見つかっている地方もある。紀元前後には「漢書」「後漢書」に「倭人」として、その帰属集団の記述がある。

さらに、この後、古墳時代になると、全国で円墳、方墳、前方後円墳などの大規模な古墳がつくられており、その多くは宮内庁によって発掘が禁止されているが、天皇や豪族たちの墳墓である可能性が強いとされる。最大の古墳は、全長四〇〇メートル以上もあり、ピラミッドや秦の始皇帝陵と規模を争うような大規模なものになっている。古墳は、弥生時代後期から飛鳥時代前までで、日本列島の広範囲の土地で見つかっている。古墳には副葬品として、三角縁神獣鏡などの銅鏡や勾玉、石製装身具、青銅製装身具、武器・武具、絹布などがみつかっている。しかし、庶民の墓地はあまり見つかっておらず、一般の庶民は風葬・遺棄葬、土葬が行われていた可能性が強い。

大和朝廷が支配する飛鳥の時代になると、大化の薄葬令〈六四六年〉がだされて、大規模古墳は姿を消すが、ちょうどその前に仏教の伝来があり、日本古来の死生観と仏教的死生観が競合・共存をした時代となる。大化の薄葬令は殯《もがり》を禁止したが、歴代天皇が死去した場合には、殯と呼ばれる儀式がその後も行われ、遺体は年か月の単位で、一定の殯《もがり》家《や》に安置され、泣き女や遊部《あそびべ》が活躍するとともに、歌舞、音曲が流され、酒宴が開かれたりしたことが記録に残されている。殯の風習は、当時は人間が死去したかどうか確認するのが困難だったことから、かなりの期間、骨になるまで安置して、生き返る可能性がないと判断したあと、墳墓に埋葬したものである。現在の通夜や、火葬まで二四時間以上遺体を安置する法律はその名残りとみられている。こうした殯の風習の一端については『魏志倭人伝』や『随書倭国伝』など中国の歴史書にも書かれている。

八世紀になると、持統天皇を始めとして、仏教の影響で火葬が行われるようになったことについてはすでに触れた。

B　奈良・平安時代とお墓

平城京や平安京では域内にお墓がつくられることはなく、庶民の遺体は京都の洛東の鳥辺野、洛西の化野《あだしの》などで火葬されたり、遺棄葬（風葬）で河原や市街地に遺体が放置されたり、水葬で、加茂川に多くの遺体を流したりしていたと見られる。奈良県明日香村の高松塚古墳は極彩色の壁画で知られるが、古墳としては新しい時期のもので、平城京遷都前後のものという説が有力である。飛鳥から奈良時代には皇族の墓が盛んに改葬されたとみられている。奈良時代の天平宝字元（七五七）年には養老律令の中で「喪葬令」が出され、身分別に葬送儀礼を規制することが書かれている。

奈良時代には、仏教の影響で散骨の風習があったことが『万葉集』巻七の次のような挽歌から窺える。

「秋津野を人の懸くれば朝撒きし
　君が思ほえて嘆きはやまず

玉梓の妹は珠かもあしひきの
　清き山辺に撒けば散りぬる

玉梓の妹は花かもあしひきの

この山かげに撒けば失せぬる」

平安時代の貴族の日記や『今昔物語』には、犬が人間の遺体の腕をくわえてきたり、羅生門に遺体が遺棄されたりしていたことが書かれている。また、権力者の藤原道長が、祖先の墓を訪れようとしたが、荒れ放題で探せなかったことなども出てくる。そして『万葉集』には行路死人をうたった挽歌が数多く収録されている。奈良で太安万侶（『古事記』の編者）の墓碑銘が発見されているが、同様な貴族や高級官吏等の墓碑銘は二〇個程度しか見つかっていない。

火葬墓地では、奈良時代の行基、平安時代の空也、鎌倉時代の一遍、高野聖など「三昧聖」と呼ばれる私度僧が活躍することになった。しかし一般庶民は風葬の他は、土葬に付されたものと見られる。

C　鎌倉・室町時代とお墓

鎌倉・室町時代には、武士や庶民の葬儀が行われるようになるなどの変化はあった。し

府中市内にあった鎌倉時代の板碑（郷土の森博物館）

かし、上級武士や有力者の墓として五輪塔や卒塔婆、板碑が建てられたりしたが、依然として個人を特定できるような石塔はほとんど残されていない。比較的多く見つかっているのは、この時代にできた屋敷墓で、一族の有力者の墓と見られている。また、この時代に、高野山への納骨が始まり、現在まで続けられている。武士の時代になると祖先を手厚く供養する風潮が広がった。十三回忌は、かなり広範に行われるようになり、その他の年忌法要も営まれ始めた。

鎌倉時代の初めころから、各地で共同墓地が作られるようになり、静岡県磐田市の一の谷墳墓遺跡の発掘で、同地には一三世紀から一六世紀の塚墓、土壙墓、集積墓などの広大な共同墓地ができていたことがわかり、保存運動が行われた。こうした考古学の成果は、一二世紀に成立したといわれる『餓鬼草子』、一三世紀の『一遍上人絵伝』などに描かれた墓地風景によっても裏付けられている。

また、室町時代、戦国時代にかけては、上級武士の一部で、お墓の走りとみられる石塔や板碑を建てる動きがあり、高野山奥の院には武将の墓が沢山つくられている。それと、室町時代には、五輪塔に加えて、小型の石仏（多くは阿弥陀仏）が多くつくられたことが考古学的に確認されているが、これは成仏後の自分たちを現したものという見方が強い。さらに、石で造った堂の形の中に石仏や線刻五輪などを入れた墓の一種で、ラントウ、ミヤボトケと呼ばれるものも各地で多数見つかっている。

（三）庶民の墓が広まった江戸時代

現在、古い寺院墓地を見て歩くと、一族の墓地の中に江戸時代の小型の墓石がいくつも

府中市の共同墓地に並ぶ江戸時代の墓石（上段）

並べられている箇所を見かける。年号は、いずれも江戸時代中期以降のもので、軟石が使用されているせいか年号が読み取れないほど墓石が劣化したものが多い。江戸時代の墓石は、いずれも明治以降の角柱墓などと比べると小型で、年号と戒名だけ書かれている場合には人物の特定はしがたい。

それも、残っている墓の数自体、人口比ではさほど多いわけではなく、庄屋とか親分、大店など地域の実力者の墓が多いものと見られる。

しかし、まだ庶民には正式な名字もなかった時代だから、石塔ができるようになったこと自体、庶民の生活が豊かになったことや、葬儀と供養が普及したことが窺える。

江戸時代の墓の多くは、個人墓、あるいは夫婦墓で、家族墓は未発達だった。

近畿をはじめ多くの地域で、遺体を土葬する場合に「埋め墓」と、参拝する「詣り墓」の双方が、ある程度距離を置いた地点につくられ、両墓制と呼ばれるシステムができあり、これは火葬が発達する後の時代まで存続することになる（土葬の土地は数年後には棺桶の部分が陥没するので、その上に石塔を建てるのは不安定で困難だった事情もある）。

墓石の誕生は、多くが城下町の誕生と軌を一にしていた。お城をつくった石屋が墓づくりに転業して、一般庶民の墓まで手掛けるようになったからである。当時は石の加工技術の制約から、もっぱら堆積岩である軟石をもちいている（現在では多くが花崗岩）。一八三一年の墓石制限令によって、台石を含めた墓の高さは四尺（約一二〇センチ）以下に制限され、現在のような背の高い墓の建立は庶民には禁止されていた。もっとも石塔を建てることもできない庶民は、土まんじゅうを盛り、その上に木製の卒塔婆や自然石を置いたりしていた。また、同族総墓、一村総墓、寺院総墓（浄土真宗）など、共同墓地をもつだけで、個人墓をもたない地方も少なくなかった。

墓をつくる場合、お寺の墓地か、村外れの共同墓地につくる例が多いが、これとはかけ離れた自分の屋敷内に家の墓地をつくる例も少なくなかった。屋敷墓は、「群」の中に埋もれがちな日本の墓制の中で、「個」の主張が見られる例の一つとの指摘もある。屋敷墓の多くはその後共同墓地に移されたが、後に「墓地埋葬取締規則」ができてからも「みなし墓地」として残されたものもあった。

ここで、当時の大都市である江戸と大坂の葬法について述べておくと、双方とも人口が一〇〇万、四〇万という大都市であったから、土葬をするには土地不足であり、他方火葬は燃料が高価であったから都市貧民層にとっては支出困難という限界があったが、その限界の中で火葬、土葬の二つの葬法が混じって行われていた。概して旦那寺をもたない都市貧民層の場合は、江戸では「投げ入れ」「あばき捨て」という、土葬墓地に乱雑に死体が葬られるやり方が多かった。大坂では、火葬が圧倒的に多い地域もあったが、土葬も少なくなかった。死者を葬る担い手としては、穢多・非人、下層の町人、三昧僧などが入り混じって火葬、埋葬を行っていたとみられる。

いずれにしても、庶民の墓石が建てられるようになったのは、江戸時代の中期、つまり今から数えてせいぜい三〇〇年前からであることは記憶しておいていいだろう。

（四）明治維新から昭和にかけての墓の変遷

前章で葬儀と関連して述べたように、明治維新になると神仏分離令がだされ、お寺の打ち壊しなどの廃仏毀釈が行われた。その際につくられた神葬祭墓地は、その後、政府の方針で行政の管轄する公共墓地となった。首都東京でいえば、青山、雑司ヶ谷、染井、谷中の四つの墓地が明治七年に東京府（のちに市）に移管された。その後、これらの墓地に加えて一九二三（大正一二）年に、ヨーロッパ式の公園墓地（ドイツ・オーストリアの墓地をモデルにした）として三多摩の府中に多摩墓地がつくられた。同墓地は都市郊外ということもあって、最初は買い手が少なかったが、中央線、京王線から近く交通の便が良かったこと、日露戦争の英雄である東郷平八郎らの墓が建立されたこともあって、広大な墓地に次々に有名人が墓をつくり、庶民もこれに続いて次第に墓地は一杯になっていった。続いて、戦前の一九三五年に千葉県の松戸に東京市立の八柱霊園がつくられ（この時から東京市（のちに都）営の公共墓地はすべて霊園と名前が変えられた）、さらに戦後になって、小平霊園、八王子霊園ができて、都営霊園の数は八つになる。東京以外の都市でも、公営墓地の整備が続けられていった。

こうして、寺院墓地が江戸時代から続いているうえに、公共の墓地がつくられ、さらに民間の墓地（霊園）もつくられるようになり、墓地は三種類になる。一八八四（明治一七）年にだされた「墓地及埋葬取締規則」によって、公衆衛生と治安維持の観点から、墓地以外への埋葬が禁止され、埋葬は行政府による許可証が必要になった。これにより、遺体や遺骨を野晒しにする古くからの習慣は姿を消していった。

日清戦争（一八八四〜八五年）後から家墓が作られ始め、さらに、旧民法制定（明治三一年）の頃から家墓は少しずつ増えて行った。しかし、「〇〇家の墓」「先祖代々之墓」と書かれた家墓ができる前提には、複数の遺骨を墓に納められるよう火葬率が上昇していることがあるから、日本の火葬率が三〇％に達した明治末頃から、ようやくこうした家墓が大きく増加することになる。つまり、先祖代々墓の歴史はまだせいぜい、一〇〇年余りしかないのである。また、日清戦争の結果、台湾が日本の植民地にされ、同地から良質の墓石が大量に確保できたこともあって、墓は大型化されていった。

大正期は、前期のように公園墓地が導入されたことが特徴であり、昭和期に入ると、永久使用する納骨堂、民間の大規模霊園・宗教法人霊園が加わった。

一九一四（大正三）年に、深川区の長慶寺で納骨堂がつくられたのが大きな転換期になって、納骨堂が増えていった。一九二四（大正一三）年には「納骨堂取締規則」も制定された。そして、昭和になると、一九三四（昭和九）年に多摩墓地、三七年に八柱霊園と市営墓地にも納骨堂がつくられた。昭和初期の段階で集合的装置としての納骨堂に注目したのが、『不滅の墳墓』（一九三二年）を書いた細野天外であった。細野は、個人の墓はいつか必ず無縁化し荒廃するとして、それを防ぐために市町村ごとに一基ずつの合葬式の納骨堂をつくることを主張した。ある意味では先見性のある主張であった。

昭和一三年には、雑司ヶ谷霊園に「崇祖堂」という、（家族用は）恒久使用が可能な納骨堂が建てられた。当時納骨堂は一時預かりが中心であったから、「崇祖堂」は、「永久納骨堂」と呼ばれていたが、次第にこれが主流になっていった。戦争と自然災害による大量死の時代に納骨堂はあちこちで普及した。

都道府県別では納骨堂が多くつくられたのは、一位が北海道、二位が福岡県、三位が熊本県などの順になっていた。納骨堂は平成一二年（二〇〇〇年）には一万ヵ所を超え、その後さらに急速に増え続けている。また、近年は中国や台湾、韓国、シンガポールなどでも、墓不足が深刻で、樹木葬墓地、散骨と共に納骨堂の役割が高く評価されている。

平成の時代になると、火葬が圧倒的多数になる中で、第一章で述べたように、都市型の永代供養墓・共同合祀墓地、さらには、散骨や樹木葬墓地、共同墓地が加わるようになって、埋葬形態は多様化していくのである。

また、こうした埋葬の変化とは別に、多くの墓地に、近現代の戦争で戦死した人の丈の高い石塔が建てられているのを見かけるが、中には、遺骨のない慰霊塔的なものも少なくない。戦死者の墓の問題は、靖国神社の問題に矮小化せず、もっと視野を大きくして見直す必要がある。

すでに、日本では一九三五年に火葬率が五割を超え、これが戦後の高度成長時代にいっそう拍車がかかり、やがて、平成の時代には農村部も含めて、葬送は火葬一色の「世界一の火葬大国」になっていく。このなかで、第一章でのべたように、埋葬形態がいっそう多様化する新たな変化が起こる基盤が整っていった。

第二次大戦後、「イエ制度」は廃止されたが、秘かに生き残ったような面があった。一九四八年に施行された現行民法は祭祀継承を慣習にゆだねたために、事実上イエ的伝統の中で祭祀継承がされることになった。多くの家族において家族の連続性が当たり前のように維持されてきた。しかし、二〇世紀末、つまり平成の時代になると、少子化、核家族化と人口の都市集中の中で、アトツギの確保が難しくなり、親たちも「子どもに迷惑をかけたくない」と考える人が増えていった。この中で、墓は、脱継承墓になることを余儀なくされる。

その後も少子高齢化、核家族化、一人暮らし世帯の増加などの家族形態の変化がとめどなく進んで、墓は実質的に継承が困難となり、個人化、無縁化、無形化、有期限化の動きが強まっていった。アトツギのいない現実に対しては、「アトツギを必要としない墓」、つまり合葬式共同墓・納骨堂、樹木葬墓地、共同墓地、散骨が寺院やＮＰＯなど各方面から提起された。そして名実ともに、墓の形態が多様化していくことになり、新たな時代が始まる。合葬式共同墓（永代供養墓）は今や一〇〇〇ヵ所を超え、樹木葬墓地も猛烈な勢いで広がりつつある。有期限墓も、ヨーロッパの先進国と同様に大きく数を増している。

それは決して偶然ではなく、高度成長期に地方から都会にでてきた人たちが、八〇年代末頃から定年退職の時期を迎え、墓の準備をするようになったので、値段が高く、不足しがちな従来の墓地や葬送形態に不満を抱く人たちが大量に生みだされ、法律の想定外の散骨や樹木葬墓地、共同墓地・納骨堂の誕生のような事態が生まれたのであった。

これについては、墓地埋葬法で「埋葬義務」の規定の制定、条例の整備を行うべきだとの主張が識者からだされている。特に、墓地について永代使用権を売り出しながら、管理費の滞納などで「無縁墓改葬」が行われるのは、死者の尊厳についての配慮不足だとの主張が強く見受けられる。

（五）一長一短を持つ墓の形態

ここで、公営墓地と寺院墓地、民間墓地の三種類の墓地について、国民が入手する上でのメリットと注意点について触れておきたい。

都道府県や市町村などの自治体が経営する公営墓地は、東京の一等地にある都立の青山霊園などを除いて、一般に永代使用料など価格が安く、経営と管理体制が安定していること、宗教宗派を問わないこともあって、人気が高いが、すでに都営墓地はどこも満杯のため、無縁墓地の墓じまいや改葬などによって、空きがでた場合にしか募集がされない。そして、少数の募集数に対して多数の応募があるので、抽選で当たる可能性が低く（平均で五〜七倍くらいの倍率）、申し込みも「すでに遺骨を持っていること」「行政区域内に五年以上居住のこと」などの制限がある。都立の墓地は、最後にできた八王子霊園が満杯になっているが、新たに造成する具体的な兆しはない。

名古屋では、第二次大戦後に戦火で罹災した二七九ヵ寺の墓地の移転を目的として、「平和公園」という名の広い公園墓地がつくられ、墓地の移転後供養がおこなわれ、献体した人の慰霊塔や伊勢湾台風の殉難者の碑も建てられた。

次に、寺院墓地についてみると、寺が住居地に近いなど、比較的立地条件がよく、寺が代々手厚く葬ってくれるなどのメリットもあるが、宗教宗派の制限があり、数も限定されており、多くは檀家になることなどを要求される。また、墓地を建てる場合に特定の石材店を指定され、自由に墓地が作れないなどの制約もある。寺院経営でも、こういうデメリットを除くために、永代供養墓をつくり、その部分だけ宗教宗派を問わないようにしている寺も多くなっている。

民間墓地は、墓の販売数が多く、宗教宗派不問、墓石のデザインなどに制限が少ないなどのメリットがあるが、永代使用料が公営墓地に比べて高く、墓石建設が指定石材店だけに制限されている例が多い。民間墓地の多くは名目上、宗教法人（寺院）を経営主体にしているが、実態としては、宗教法人は名義貸しをしているだけで、石材業者が開発と宣伝、販売を切り盛りしている例がほとんどである。また、管理費も公営墓地にくらべて高い（年一万五〇〇〇円前後）。墓地の周囲には石材店が集中しているが、石材店の収益率は高いといわれている。民営の墓地の中には、きわめて小規模なものがあり、東京二三区では一平米未満、四〇センチ四方（〇・一六平米）の墓も少なくない。しかし、それでも価格が高いことがあって、いまだに東京都区部や郊外などでは空き区画が多い墓地が多いことが指摘されている。

また、墓石は、かつては国産の比率が高かったが、次第に、中国、インド、アフリカなど多くの国から石材が輸入されるようになり、二〇〇〇年以降は、中国からの墓石輸入が九割以上を占めるようになった。国産の石を中国に送り、加工して日本に逆輸入する例も多くなっている。しかし、近年は中国での労働賃金も上昇し、それは墓石代の高騰となって跳ね返っている。現在、火葬の影響で、納骨がカロウトに骨壺でおこなわれるため、「寿陵」といって、生前に墓をつくる人も増えている。

こう見てくると、公営墓地を除いては値段が高く、近くて宗教にも縛られない墓地の取得は一般庶民にとって困難であり、「お墓は高い」「高嶺の花」という通念ができている。葬式料とお墓代を合わせると、都市部では四〇〇万円から五〇〇万円以上かかる例も珍しくない。したがって、合葬式共同墓を建てたり、永代供養の納骨堂を入手したり、墓石の不要な散骨や樹木葬などの自然葬の選択が多くなっているしかし、「自然葬」（散骨や樹木葬）についても、お墓参りがしにくいとか、遺族が高齢化して埋葬地が遠くお墓参りに行くのが困難などの不満を訴える人も多い。他方、「墓地が高い」「墓地不足」などの悩みは、墓の形態が多様化したことで、従来のように深刻な悩みとは考えられなくなっていることもある。

ここで一つ注意しておきたいことは、「墓を買う」というのは、その区画を使用できる「永代使用権」を取得することであり、その「永代使用権」もけっして永久に使用できる権利ではなく、継承者がいなくなり管理料が払えなくなると、無縁墓とみなされ、「永代使用権」は消滅することである。その際に「永代使用権」は転売も転貸もできず、墓を放棄するしかない。この無縁墓の問題は、一九八〇年代から問題になりはじめ、九〇年代以降になると全国共通の大問題になってきた。

（六）関西に多い骨仏、本山納骨。手元供養と送骨

すでに、関東と関西では、火葬後の収骨（骨上げ）について、その量が異なることを指

摘したが、納骨の仕方についても関西では関東と異なる方法がとられる例が少なくない。

一つは火葬場から収骨した遺骨をもっていけば、それを使って骨仏《こつぼとけ》をつくってくれる寺が数ヵ所あること。もっとも有名なのは、大阪府天王寺区の浄土宗の寺院・一心寺の納骨堂に安置されている骨仏であるが、真っ白な仏様の像は観光名所ともなっている。初代の骨仏がつくられたのは、一八八七（明治二〇）年に江戸時代から納骨された約五万体の遺骨を使ってつくられ、一三〇年の歴史をもっている。骨仏はこれまでに一四体つくられたが、戦前につくられた六体は戦災で焼失している。骨仏をつくってもらうために納骨したい人は、火葬証明書の原本を持参し、一体一万五〇〇〇円～三万円の納骨費用を払えば受け入れてくれる。宗派も国籍も問わないので、最近は外国からの納骨者も増えている。このほか、香川県高松市の法然寺でも宗派を問わず、納骨を受け入れており、これまでに六体の仏像がつくられている。関東でもかつては東京都墨田区の浄土真宗の本願寺慈光院で関東大震災の犠牲者の遺灰で阿弥陀如来像をつくった例があるが、今は受けつけていない。

もう一つは、仏教の各宗派の本山寺院が納骨を受け入れていることである。高野山だけでなく、比叡山や浄土宗の本山（知恩院）、浄土真宗の本山（東西の本願寺）などでも、信者からの直接の納骨を五万円前後で受け入れてくれ、お経もあげてくれる。多くは宗派

東京・築地本願寺にできた納骨堂

を問わず合祀されるため、納骨後の遺骨の返還はできない。もともとは、平安や鎌倉の時代に行倒れになった人などを無縁仏として受け入れ、合祀したことに起源があると言われるが、近年になって墓不足対策に利用されるようになっている。

各宗派の本山は、日蓮宗（身延山久遠寺＝山梨県）などを除いて関西にあるため、関西では少なからぬ人がこれを利用している。

関東では、「本山納骨」に代わるものとして二〇一七年一一月に、東京中央区の浄土真宗本願寺派の名刹・築地本願寺に「納骨堂」の形式の施設が誕生した。「礼拝堂」の地下に「個別区画」と「合同区画」がつくられ、合わせて五万人分の遺骨を収容できるようにした。「合同区画」だと三〇万円、「個別区画」だど、六年間個別保存で五〇万円、三三年間個別保存の場合は一〇〇万円で、個人単位の生前申し込み（宗派不問）が基本とされている。関西の本山納骨の五万円程度の料金に比べると納骨料が相当高価である。

以上の二つに加えて、関西の火葬場では、収骨後に遺骨をひきとることを強制されず、火葬場で合祀してくれるところが少なくない。大阪府豊中市、堺市の火葬場では書面で「焼骨処分依頼書」を提出すれば遺骨を持ちかえらなくてもよいところがあるし、和歌山県、奈良県には遺族が遺骨を引き取らない場合、一定期間保存したうえで石川県、山梨県のお寺に運ぶか、火葬場の判断で処分することになっているところもある。これについて、宗教学者の島田裕巳氏は「ゼロ葬」と名付け、著書で、その利用を呼びかけている。島田氏は、「火葬した遺骨を墓に納めるのは、日本、中国、韓国のような東アジアに限られる」と指摘している（『葬式格差』）。

こうした関西中心の動きに対して、関東の方では、散骨がいち早く始まり、相模湾沖発で全国に広がった経緯がある。

次は、関西だけでなく全国の話であるが、手元供養が二〇〇二年頃から全国各地で自然発生的に起こり、供養品の製造・販売が盛んになっている。遺骨を自宅で保管することは違法ではないため、首都圏では数十万人が骨壺に入れた近親者の遺骨を保管しているとみられているが、その遺骨の一部を加工して供養のための品（ペンダントや人造ダイヤモンドなど）をつくったり、ミニ骨壺などのオブジェをつくって、遺骨を保管している人が想像以上に増えている。この「手元供養」というネーミングをし、（有）博国屋（京都）という会社を興し、さらに手元供養協会（二〇〇五年発足）の会長として全国を飛び回っているのが山崎譲二氏である。山崎氏は愛媛県生まれで、日大理工学部を卒業後セゾングループのまちづくりプランナーとして全国のニュータウンづくりをしていたが、阪神大震災と父親の死を契機に供養に関心を持ちはじめ、ＮＨＫなどのマスコミでも手元供養の話をしたりするようになった。

多くの人は、手元供養品をつくったのちに、遺骨の残りを墓や納骨堂に納骨したり、散骨したりしているといわれる。手元供養品を加工・販売している業者は全国各地に散在し、粉骨サービスの業者も増えている。手元供養品をつくったり、身に着けたりすることもグリーフケア（悲嘆の癒し）の一つの方法と見られている。

さらに、「送骨」のサービスがある。墓や納骨堂に遺骨を納める代わりに、ゆうパック（他の宅配便会社は受け付けていない）で寺宛に遺骨をいれた骨壺を送れば、合祀して供養してくれるサービスである。

埼玉県熊谷市の創建後四〇〇年を超える曹洞宗の寺院、見性院の橋本英樹住職は、永代供養付きで合祀は三万円、永代供養墓への個別納骨は一〇万円（送料別途）で、この送骨のサービスを実施している。同住職は、戒名希望者には有料で戒名をつけるが、俗名でも受け入れ、丁寧に供養する方針という。同院では、アルバイトを含めて約一〇人の職員が働いている。同院では、討議の末に二〇一二年に檀家制度を廃止し、寄付、年会費、管理費が不要で縛りのない会員制度に替えた。お布施は定額表示をし、「送骨」も改革の一環として二〇一三年に開始した。改革前の檀家数は四〇〇軒であったが、改革後には信徒数は八〇〇人に増えているという。橋本住職は、「仏教界からは裏切り者扱いを受けていますが、寺が生き延びるためには、あぐらをかいてはいられません」と説明している。

同様に、送骨を安い謝礼で受け入れている寺院は、ネットだけでも約四〇カ所が検索できる。仏教界でも「安閑としていたら世の中から見捨てられる」という危機感を持った僧侶が現れているようである。一部には、送骨は、「遺骨を捨てるに等しい行為」という批判もあるが、こっそりとゴミとして遺骨を捨てたり、電車の網棚に故意に骨壺を置いてきたりするのと比べれば、法的問題はまったくなく、送骨を手厚く供養しているので、きわめて良心的行為といえよう。

（七）沖縄、奄美群島の洗骨の風習

日本本土と違って、沖縄と奄美の離島では、つい最近まで、洗骨の風習が残っていた。沖縄県と鹿児島県の奄美群島では、東南アジアとオセアニアと同様に、戦前までは、一度遺体を土葬あるいは風葬したのちに、死者の骨を海水や酒などで洗い、再度埋葬（複葬）する葬制が残っていた。しかし、衛生的に問題がある上に、肉親の遺骨を洗う（洗うのは多くは女性）という風習は過酷であるとして、保健所の指導で消滅し、火葬が奨励されるようになった。沖縄の伝統的なお墓が大きい亀甲墓《かめこうばか》（中国伝来）であるのは、家族が多く、戦前までの洗骨の風習に備えるためであったと言われている。

沖縄では、江戸時代はじめに薩摩軍に侵略され、明治維新の廃仏毀釈の中で、寺院の大半が破壊され、檀家制度は定着しなかったから、戒名をつける習慣も根づいていない。葬儀社があらわれたのは、一九七二年の本土復帰以降で、その頃まではまだ洗骨の風習は残っていた。本土復帰後、火葬と仏式葬儀が定着していったが、今でも宗教法人になっている仏教寺院は五十数ヵ所で、本土と比べて世帯数比率にして一〇分の一以下で、寺院は旧来の貧しい寺院と新規参入した寺院が混在し、競争している状況である。現在では、洗骨の風習は一部の離島を除き、ほとんどなくなっている。

（八）宇宙葬、聖地葬、カズラ島の散骨

最近の葬法の中に、マイナーながら「宇宙葬」とか「聖地葬」というものがあるので、若干説明しておきたい。

「自然葬」の一つに散骨があるが、これは通常、遺灰を海とか川、陸上（山奥や林の中など）に撒くものである。その場合に、海上散骨では普通、船などで沖合にでて、船の上から遺族などが遺灰を海に撒くことになるが、その他に、ヘリコプターやセスナ機などで、空中から海に向けて撒く場合もある。ライシャワー元駐日米大使の場合も、カリフォルニア州の沖合で遺灰を海に撒いたとされている。これをさらに発展させて、ロケットで

宇宙に出る「宇宙葬」と呼ばれるものがある。

宇宙葬のサービスをはじめて提供したのは、一九九三年にアメリカで設立された「セレスティス・スペースメモリアル・サービス」とよばれる会社である。

同社は宇宙葬を「アースビュー」という名前で売りだし、一九九七年四月に大西洋カナリア諸島のロケット打ち上げ基地で遺灰を搭載した衛星ロケットを発射した、その後、九八年、九九年、二〇〇一年とカリフォルニア州であいついで打ち上げた。

遺灰は、宇宙葬専用の各フライトカプセルに一回の打ち上げで七グラムを搭載、カプセルには、個人が残した言葉や遺族や友人たちからのメッセージの刻印もできるという。

衛星ロケットは地球の周回軌道に到達後、九〇秒間で一度地球を周り、最後は地球の大気圏に突入して摩擦熱で燃え尽きる。ロケットには、一回につき三〇～四〇人の遺骨が搭載されるが、その打ち上げと地球の周回軌道の様子、その後のセレモニーなどをビデオに編集して遺族に届けられる。二〇一〇年までに百数十人の遺骨が宇宙に旅立ったが、日本の葬儀社もこの「アースビュー」の商品を扱っており、料金はビデオ代を含めて一〇五万円（税込み）とされている。

また、「聖地葬」と呼ばれるものは、群馬県桐生市の青蓮寺という寺院が組織した仏教の聖地を回り、遺灰を撒く葬法である。インドやネパールの仏教の聖地を巡礼し、途中でベナレスのガンジス川などに遺灰を撒くもので、旅費が四〇万円、散骨回向料が三万円ほどかかる。収益は見込んでいないというが、永代供養墓に葬るのと大差ない多額の費用がかかり、むしろ、旅行の方に重点が置かれている感じもする。

それから、大山隠岐国立公園内の島根県隠岐群島の一角に、カズラ島という小さな無人島があるが、この島は木の道を登っていくと散骨所ができており、一年に二回船で行って散骨できる。広さは八〇〇坪ほどで、島全体が日本唯一の散骨専用の島として認められている。カズラ島の対岸には慰霊所もでき、散骨した人には証明書が渡される。また、慰霊所には、供養したい人が後日行くことができる。陸上での散骨は周囲から苦情がでることが多いが、このカズラ島はむしろ海洋散骨に近いといえる。

（九）お墓の改葬・墓じまい

人口の大都市集中と農村の過疎化、家族の核家族化と少子高齢化などによって、従来の先祖代々墓や家族の墓で無縁墓地になるところが増えている。この場合、公共、寺院、民間の墓地を問わず対処が必要になるが、遺族の側が迫られるのは「お墓の改葬」（引っ越し）あるいは「墓じまい」（先祖の墓を片付ける）であり、墓地経営者の側も手を尽くしても墓の継承者が見つからない場合は墓地の整理に乗りだすことが多い。

お墓を移すのが改葬であり、墓の引っ越しをすることになる。埋葬許可をうけて埋葬されているお墓の場合は、先祖や近親者の遺骨があるから、右から左へと簡単に遺骨を動かすわけにはいかず、複雑な手続きが必要となる。改葬手続きは次のようにして行われる。

一、改葬先の新規墓地を契約し、「受入れ証明書」（墓地使用許可書）をもらう。
二、現在の墓地がある市町村役所から「改葬許可申請書」をもらう。
三、現在の墓地の管理者（寺院等）から「埋葬証明書」をもらう。自治体により、別に書類を準備する場合と、管理者に必要事項を記入・捺印してもらった改葬許可申請書を提出する場合がある。
四、現在の墓地のある市区町村役所に「受入れ証明書」「改葬許可申請書」「埋葬証明書」を提出し、「改葬許可証」をもらう。
五、新規墓地に「改葬許可証」を提出し、元の墓地にあった遺骨を移す。

寺院墓地で見かけた改葬の公告

遺骨を撤去した後、元の墓地の墓石等を撤去して更地にするのも、改葬申請者の責任になるので、専門の業者などに頼んで墓石等を撤去してもらい、更地にして墓地経営者に返すことになる。元の墓石は通常、新規墓地に移設することができないから、相当の撤去費用が必要となる。

それと、改葬にあたっては、「親戚」「寺院」などとの様々なトラブルが発生することもあるので要注意である。

改葬の際には、トラブル回避のために親戚などとの事前の相談と了解が必要であり、また、寺院墓地からの改葬の際には、寺院側が「離檀料」などの名目で高額の布施を要求してくるケースがあるので注意を要する。実際には法的に「離檀料」という概念はありえず、払う必要はないが、寺院にお礼の気持ちを示すために、法事の三回分程度の布施を渡した方が、ことが穏便に進む。こじれた場合は弁護士を頼み和解に持ち込む例もある。墓石の撤去料や遺骨の運送費、寺院への布施、その他の経費を含めると、四〇～五〇万円程度は用意した方がよいかも知れない。

さらに、使わなくなった墓石を山中などに不法投棄する業者も後を絶たないので、それへの対策も重要になっている。淡路島では、おびただしい量の墓石が悪徳業者によって不法投棄されて、大きい問題になっているが、その他にも、秋田、千葉、茨城、広島、岐阜など全国各地で不法投棄が発覚し、書類送検されている例もある。

東京都の都立霊園では、〇九年から五年間で一〇四五基もの無縁墓を撤去し、遺骨は都営の無縁塚に移したが、こうした整理には多くの作業と手間が必要で、税金からその費用がだされている。都立の霊園では、相当数の無縁墓地を定期的に整理し、毎年のように新たな募集を行っている。

なお、公営墓地の人気が高いため、「全国でお墓が足りない」と思いがちだが、大阪府の阪南市では、七九年に公営墓地が造成されたが、まだ造成されない広大な地域が残されており、墓じまいの件数が、新規の建墓数を上回っている現象もでている。

（一〇）ペットの埋葬について

一九九〇年以降、ペットを「コンパニオン・アニマル」（伴侶動物）とみなし、家族同様に扱う風潮が強まっている。最近では全国の家庭で飼育されている犬や猫の頭数が合計二〇〇〇万頭近くになっている（飼育している家庭は全体の約四分の一）。そして犬や猫が死んだ場合に、「ペットロス症候群」という気力喪失などの症状がでるため、家族と同様に葬ろうとする動きも強まっている。

しかし、当然のことだがペットは人間ではないから、「墓地埋葬法」の適用外で、動物の遺骸や遺骨は一般廃棄物として扱われ、墓地や納骨堂に葬ることは原則として認められてこなかった。普通ペットを葬る場合、自宅の庭などに埋葬しても規制はなく、自治体に有料で引き取ってもらうか、ペット専門の霊園か納骨堂に納めるなどの例が多い。しかし、最近では、ペットも火葬後同じ墓地に埋葬してもよい、とする民間霊園もできている。

ペットの火葬場は人間の火葬場と同様な固定式タイプとトラックの車上に火葬炉を乗せた移動式火葬車の葬法があるが、後者は家の近くまで火葬車がきてくれ、夜間対応もあるので利用者が多い。しかし、ペットの固定式火葬炉を条例によって認めなくしている自治体もある。

青山霊園にある忠犬ハチ公碑と飼い主の
上野英三郎教授の墓

また、ペットを人間と同じ墓地に葬ることには賛否両論があってトラブルのもとになりやすいが、ペットを家族と一緒に墓に葬り、丁重に供養している家族が、民間霊園などで次第に増えている。これは、ひと昔前には考えられなかったことだが、時代の変化といえるのかも知れない。

（一一）無縁墓を増やさないために

「墓地の価格高騰」「墓地の不足」は、平成年間に進んだ墓地のかたちの多様化によって、ある程度、墓地問題が深刻化するのを防止できているようだ。しかし、「墓地の継承者がいないこと」は、生涯未婚率と一人暮らし高齢者の増加、五〇歳以上の熟年離婚の増加（二〇〇〇年までの一〇年間で三倍増）、人口の都市部への継続的集中などで、今後も大きい問題として残されている。

墓地の継承者がいなければ、必然的に無縁墓地の増加につながる。無縁墓が増加すれば、自治体は、公営墓地に税金を投入して無縁墓を撤去し、新たな借り手を見つけなければならないし、合葬式の墓地を増やして遺骨を移す作業も必要になる。しかし過疎地の自治体では無縁墓を整理しても、新たな借り手が見つからないという問題が生じている。また、過疎地では、檀信徒の減少などで住職のいない寺院が増え、臨済宗妙心寺派では住職のいない寺院が全体の三分の一弱（一〇〇〇ヵ寺）に上る、という現実もある（小谷みどり『だれが墓を守るのか』）。

小谷氏は、本書で、「墓を無縁化しない仕組みを構築しなければならない」として、次のような具体的提案を行っている。

一、承継を前提とした永代使用ではなく、承継者の有無にかかわらず、どんな人も平等に三〇年、五〇年などといった使用期間を定める方法。

二、血縁を超えた人たちで墓を共有するという考え方。子々孫々での承継を前提とする「家墓」に対し、いわゆる「永代供養墓」「合葬墓」「共同墓」などと呼ばれている墓である（樹木葬墓地も含む、とみられる）。

三、そもそも墓をつくらないという単純明快な選択。一例は散骨。

同時に、小谷氏は、墓の問題を考えるとき、「遺骨の収蔵場所としての機能をどうするかということと、死者をどう偲ぶかということを分けて考えなければならない」として、後者の機能を「社会全体で考えていく必要がある」と提起している。

確かに、いかに立派な墓をつくっても、死者はいずれ忘れ去られる存在である。しかし、死者を偲び追悼する人がいるかぎり、死者は生者の心の中で生きつづける。墓参りも残された者と死者との対話の場所として必要だろう。墓とは、死者を覚えている人が生き

新しく一万円札の肖像画になる
渋沢栄一の墓（都立谷中霊園）

ている限り、遺骨の収蔵場所として機能するものである。

墓をどうするかという問題は、こうした冷厳な現実を踏まえ、自然をこれ以上破壊せず、低価格で多くの人に平等に提供されるものでなければならない。また、平成時代の葬送問題の教訓からしても、無形化したものを含め、墓の形の多様化は、今後の令和の時代にも否応なく進むことは避けられないだろう。その中で、日本の葬送の形態は、さらに大きく変わらざるをえないだろう。

天皇の埋葬先

江戸時代には皇室は、京都にある真言宗の泉涌寺を菩提所として埋葬を行っていた。明治維新後皇室祭祀は神式に改められ、皇族の出家は禁じられた。明治天皇が崩御した際（一九一二年）、葬儀は青山練兵場内の葬祭殿で神道式で執り行われ、仏教色は排除された。お墓は明治天皇の遺言にしたがって、京都の伏見桃山御陵に葬られた。その後政治・経済界のリーダーの発案で、一九二〇年に東京でも明治神宮が創建された。大正天皇・皇后、昭和天皇・皇后の四人は東京八王子市の武蔵陵墓地（多摩御陵、天皇家の墓）に土葬で埋葬された（上円下方墳）。平成天皇・皇后も武蔵陵墓地に埋葬される予定だが、天皇は葬儀式のあと火葬されると二〇一三年に発表されている。

第五章　「終活」と葬儀後の手続き

さいたま市の思い出の里市営霊園合葬墓

（一）「終活」について

人の死には、事故死と病気による死、自殺があるが、定年退職をする頃から、介護や看病、終末期の医療、死後の葬儀など終末期にそなえて、自己の人生を締めくくる準備活動をしておいた方が、安心した老後を送れるという考え方が強まっている。こうした準備について、二〇〇九年に「週刊朝日」の連載で「終活」という言葉が生み出され、二〇一二年には「終活」は流行語大賞のトップテンにノミネートされている。以後、「終活」は「人生の終わりのための準備活動」として、書籍（終活本）や雑誌、新聞などの特集で頻繁に取り上げられるようになり、自治体、会社、銀行等でも、これをテーマに様々なセミナー、講演会などが行われるようになっている。

A　エンディングノート

「終活」とセットで登場したのがエンディングノートである。エンディングノートは簡単なメモでも良いが、医療・介護機関や高齢者団体、出版社や協同組合組織などから、次々にエンディングノートが売りだされ、その数は一〇〇種類前後、中には売上げが五〇万部を突破するものも出てきた。エンディングノートに通常書かれるのは、以下のような事柄である。

・自分の歴史や人生の思い出。
・介護や看護についての希望。告知や治療方法についての希望。
・尊厳死や臓器提供、献体などについて。尊厳死協会に入っているかどうか。
・埋葬、散骨などについての希望。
・お葬式についての希望。もしもの時に連絡してほしい人のリストと連絡先。
・遺言の有無や財産・負債の一覧。
・使用している銀行、保険会社、証券会社のリストと通帳・証券などの置き場所。
・生前予約・契約がある場合の相手の連絡先と内容。
・死後の持ち物の整理についての希望。
・後に残る人へのメッセージ。

エンディングノートと解説書

エンディングノートは、遺言書と違って法的拘束力はもたないが、終末期医療で延命措置を希望しないこととか、葬式の方法、お墓についての希望などは、遺族は尊重する道義的な責任があり、裁判の場合に証拠となる可能性もある。エンディングノートに書いてあることは、それを実現するために日常生活の中で家族に話したり、相談したりしておくことが重要であり、献体や臓器提供などは、本当に実現したいなら、生前に手続きをとって置く必要がある。それと銀行や生命保険、証券の存在などは、本人の死後、遺族が手続きをとる上で重要になるので、通帳や証書の在りかを書いて置く必要がある。

自分の持ち物の整理については、遺族に任せてもよいが、生前に整理可能なものは、できるだけ自分が生きている間に整理しておいた方がよい。また、葬儀などで使用される遺影（写真）については、事前に希望する写真を何枚か選んで残しておくことが望ましい（案外、葬儀のとき、適当な写真がなくて、遺族が探すのに苦労することがある）。

しかし、実際には、エンディングノートを買ったが書いていないという人が多く、書いてあると答えている人は二〜三％に過ぎないというアンケート調査結果もある。余り大上段に構え過ぎずに、自分と遺族にとって不可欠の事項から少しずつ書き始めるのがコツのようである。医療や介護についての希望、葬儀とお墓のあり方については、生前から家族や親戚と話しあって、合意しておくことが望ましい。

同時に、自分がまだ元気なうちにやっておきたいこと、例えば家族と一緒の旅行、ドライブ、レストランでの食事、形見分けなどは、条件がある時に多少お金をやりくりしても実施し、遺族によい思い出を残すことが重要である。

それから、何よりも重要なのは、エンディングノートを書いてあることと、その保管場所を家族に知らせておくことである。

B　遺言について

エンディングノートと違って、遺言は、財産の処分（相続）や子どもの認知、未成年者の後見人指定などについて法的拘束力を持つので、是非とも書いておく必要がある。財産の相続については、法定相続人以外の人（例えば長期間介護を受けた息子の妻）への財産分与、法定相続とは異なる財産分配を希望する場合などには、ぜひ遺言書を書いておかなければならない。そうでないと、故人の遺志は相続の際に反映されないし、遺族の間で相続をめぐって争いや裁判が起こる可能性もある。

遺言には、大きくわけて公正証書遺言と自筆証書遺言があるが、前者は公証人役場に行って公証人と二人の証人を前に文書にしておくものである。公正証書遺言は、多少お金はかかるが、紛失、焼失、改ざんなどの心配はないし、より安定性がある。自筆証書遺言は、全文自筆で書いて、年月日と署名、捺印がないと無効であり（例えば「吉日」は無効である）、遺言書をどこに保管するかについても問題がでてくる可能性がある。自筆証書遺言については、本人の死後に遺言書を保管している遺族が家庭裁判所に届け、検認の手続きを経た後に、執行可能になる。何通か自筆証書遺言がある場合は日付の新しい方が有効である。できたら、自筆証書遺言を書いたのち、法律の専門家である弁護士か司法書士に目を通してもらい、有効であることを確認しておいた方がよい。

遺言を書いて置く人の数は、最近一〇年間で一・五倍以上に増えているという数字もある。

C 生前契約について

生前契約は、一人暮らしの高齢者や身寄り・家族がいない人などが、葬儀・埋葬などの死後のことや、生前に必要な入院、老人ホーム、借家・アパートの契約などの保証人を引き受けてもらうことのために、受託機関と契約して、お金を生前に支払って後見や契約履行を依頼するものである。

これの老舗となっているのが、「りすシステム」（リビング・サポート・サービス・システム）で、一九九三年に産声をあげた。最初は、その四年前の八九年にできた合葬墓「もやいの碑」で、自分の死後合葬の役割を引き受けてくれる組織がほしいという要望が出され、代表をしていた松島如戒氏が創始者になって誕生した。「りすシステム」はのちにN

ＰＯ法人となるが、その後着実に実績を積んで、生前の業務（療養看護、財産管理、入院保障、就職の際の身元引受けなど）と、死後の葬儀や納骨、遺品整理などの手続きを、公正証書をつくって契約するシステムを発展させた。

同時に、「りすシステム」は、二〇〇〇年に発足させた「ＮＰＯ日本生前契約等決済機構」によって、公証人、法律家等の専門家や学者などが役員になり、「りすシステム」と契約された内容や、成年後見事務の履行、さらには日常生活における支援業務などについて、受託機関が適正に仕事を行っているか、監督・保障する役割を果たすようになった。

その後りすシステムは、二四時間三六五日の電話サポート体制をつくり、必要な時には適切なスタッフが駆けつける体制もつくった。会員同士が生前から交流し、旅行会なども行っている。入会に必要なお金は二〇万円ほどであるが、生前・死後に必要な費用をあらかじめ七〇万円余り預託金として預ける必要がある（預託金は契約終了後に必要経費をさし引いて相続人に返還される）。

りすシステムには、東京千代田区九段の本部の他、東京をはじめ全国九ヵ所に事務所があり、会員数が約五〇〇〇人いて、平均年齢は七〇歳、存命の会員数が三三〇〇人以上いる。

生前契約の受託機関としては、「桜葬墓地」（樹木葬）の運営を実施しているNPO法人エンディングセンターも、生前業務の一部と、死後の事務（葬儀、納骨等）などを担い、一九九〇年の「二一世紀の結縁と墓を考える会」の活動を発展させて実施している。同組織は、「語り合いの会」や日帰り旅行、自主サークルなども行って「墓友《はかとも》」づくりを推進している。

また、二〇〇二年に活動をはじめ、二〇一二年には二四〇〇人の会員を集めた「公益財団法人日本ライフ協会」も同様な生前契約の受託機関であったが、二〇一六年一月に約二億八〇〇〇万円の、理事による預託金流用が発覚し、三月に内閣府から公益認定を取り消され、活動を停止した。同組織の負債総額は一二億円以上にのぼり、高齢者などの預託金を使い込んだことで、会員や関係者らに衝撃をあたえている。

生前契約の機関は、毎年総会を開いて予算、決算等を討議し承認を受けているが、会員からの寄付などで収支のバランスとるなど、経営の苦しいところも少なくなく、こうした日本ライフ協会のような事態が二度と生じないよう、きちんとした体制と措置をとることが求められている。

D　生前贈与について

相続税の節税につながるものとして「生前贈与」がある。一年間に一人一一〇万円までは、受け取る側の贈与税は非課税になる。例えば三人子どもがいる場合には、年間一人一一〇万円、三人で三三〇万円以内なら渡しても非課税である。これを繰り返すことによって課税対象となる相続財産を圧縮することができる。

ただし贈与の証拠として、本人と贈与される人の署名・捺印、年月日のある「贈与契約書」を作成し、契約書を保存する必要がある。また、本人の亡くなる前三年以内の贈与は遺産（相続財産）とみなされ、相続税の課税対象に加算されるので注意が必要である。親が元気のうちに贈与を開始し、繰り返すのが賢いやり方だろう。

また、形見となる品物は、自分の死後に形見分けをするという方法もあるが、書画や骨董品、宝飾品、衣類などは、生前に渡したい人に分配しておいた方が、あとで諍いがおこる可能性もないので、望ましい。

E　番外編：救急医療情報ノート

本当は、番外編として真っ先に書くべきものは「救急医療情報ノート」であった。本人が倒れて周囲に誰もいないとき、救急隊や警察、搬送医療機関が真っ先にこのノートをみて、本人を救うためのものである。「救急医療情報ノート」は、葬儀社に取材している最中に、「こんなノートがあるんですが」と一冊を渡された。そこには、本人の住所、氏名、生年月日、保険証情報から始まって、血液型、緊急連絡先、治療中の病気、かかりつけ医療機関、飲んでいる薬、障害の有無、アレルギー、その他について書く欄があり、表紙に「救急隊の方へ」と大きく書いてあった。もし、救急隊のメンバーが、本人がまだ生きているうちに「救急医療ノート」を発見し、この情報にもとづいて適切な措置をとれば、本人が死なないですむ可

救急医療情報ノート

能性があるから、最優先の連絡ノートである。このようなノートは、とりわけ独居の方は一番目に付く場所に置いておく必要がある。

（二）故人死後の遺族らによる諸手続き

一人の人が死亡した場合、残された遺族にとって必要な事務手続きは、細かく数えれば一〇〇を超えるほどあるといわれる。通常はまず葬儀を行った上で、それに関連する法要・祭祀、返礼、相続、形見分け、墓への納骨などをしながら、暇をぬって少しずつ着実にやっていくことになる。ここでは、そのすべてを挙げるのは煩雑になるので省略するが、できるだけ早く済ませる必要がある事項を列記しておく。

・電気、ガス、水道、電話などの名義変更・解約（それぞれの会社、役所）
・年金者の受給停止（厚生年金は一〇日以内、国民年金は一四日以内）
・健康保険・介護保険の資格喪失届（故人の居住地の市区町村役場、会社）
・遺族基礎年金、死亡一時金、遺族厚生・共済年金の受給請求（役場、会社、社会保険

事務所。死亡一時金は二年以内、遺族年金は五年以内）
・葬祭費補助金の申請と受け取り（役場、二年以内）
・準確定申告（税務署、四ヵ月以内）
・相続人・相続財産の調査。相続放棄の手続き（三ヵ月以内、家庭裁判所）
・相続税の申告（税務署、一〇ヵ月以内）と納付
・相続税の更生の請求（相続税の払い過ぎがわかったとき。申請から五年以内）
・遺言書の検認（故人の居住地の家庭裁判所＝自筆証書遺言の場合）
・生命保険金の受取請求（保険会社、三年以内）
・預貯金・有価証券、不動産の相続届（銀行、証券会社、法務局）
・自動車の名義変更
・運転免許証、パスポートの返納（警察署、役所など）
・住宅ローンなど債務の精算（銀行等）
・借地・借家の契約者書き換え（大家、不動産会社）
・世帯主変更（残された世帯員が一人なら提出不要）
・クレジットカード、携帯電話の解約・精算（会社）

（二）故人死後の遺族らによる諸手続き

・活動団体への退会届と死亡通知
・所持品の整理や形見分け
・喪中欠礼の死亡通知（故人が死去した年の年末）

親族、友人などへの香典の返礼は、早いにこしたことはないが、通常は一、二ヵ月以内に済ませられれば十分だろう。最初から葬儀の連絡時に「香典の辞退」をつげ、また香典は福祉施設などに寄付とする人もいる。

葬儀を家族葬で行った場合の死亡通知は、親戚や親しい友人・知人に対して、丁寧な内容のオリジナルの通知を早く出した方がよいが、年賀状の交換だけの繋がりの知人は、年末の喪中欠礼のハガキですませてもいいだろう。

それと、死亡届を役所に出したあと、故人の金融機関等の預貯金が凍結される可能性があるので、当座の葬儀費用などは、事前に故人の預金口座から引き出して、遺族が保管しておいた方がよいだろう。葬儀後は、市区町村などの役所から葬祭費補助金（三〜五万円前後）が支給されるので、死亡者の除籍謄本と火葬証明書のコピーを添えて、忘れないうちに申請した方がよい。

墓への納骨は仏式では四十九日（忌明けの七七日忌）の法事の時とされているが、骨壺を家に保管しておくのは期限がなく自由であるから、焦らず、よく考え、親族などとも相談して、後で後悔しないようなやり方で埋葬・散骨などを行うのがいいと思われる。

その他で重要なことを以下に列記しておく。

A　香典への返礼について

香典は、かつて日本が貧しかった頃、葬式の際に親戚などが米や小麦粉、野菜などを持ち寄ったことが起源とされているが、その後参列者は現金をのし袋に入れて持ち寄るようになった。伝統的には、それへの返礼は「半返し」が相場とされ、一〇万円の香典の場合は、喪主が礼状とタオル、現金五万円を返礼として直接会葬者宅を訪問して返す風習が多くの地方で残っている。しかし、広範囲から集まった大勢の会葬者に対し、直接訪問して返礼をするのは手間がかかって大変なので、郵送や宅配便で、礼状と共に商品券やギフト引換券、返礼品などを送る人が多くなった。五〇〇〇円以下の香典の場合は、葬式の場で、お茶や海苔、タオル、その他の品を返礼のハガキとともに渡して済ます例が多いよう

東京・台東区にある路上生活者の「結の墓」

である。初めから香典・供花辞退を通知する遺族は、葬式後のそうした煩雑な返礼の習慣が煩わしいこともあって辞退しているので、会葬者は「虚礼廃止」に協力して、喪主の意向に従った方がいいだろう。しかし、辞退してもなお、香典を渡す親族等に対しては、受け取り拒否もしにくいから、後日、「半返し」を目安として、返礼をするのが普通のようである。

国立歴史民俗博物館の山田慎也氏は、和歌山県串本町古座での香典のやりとりについて、「香典をもらうと、もらった家で葬儀があった場合には必ず返していかなければならないということが厳格に意識されている」「そして地区内に死者が出ると必ず自分の家の香典帳を繰って、その家がどのくらい香典を供えているかを確認し、それに見合った金額を用意する」として「互酬関係によって結ばれた人々」と形容している。そして香典辞退の場合には「互助集団からの離脱を明確に宣言することになる」と述べている（『現代日本の死と葬儀』）。

B　相続について

公正証書遺言がある場合は、遺言執行者に指定されている人のイニシアチブで遺言書に従って、財産の相続・分割を行うことになるが、遺言執行者の指定がない場合は、家庭裁判所にその選任を申請することになる。

また、自筆証書遺言の場合は、故人の住所を管轄する家庭裁判所で検認を受ける必要があるが、法定相続人が多数いる場合には、多少お金がかかっても、司法書士事務所に頼んで、相続人全員の戸籍謄本の取り寄せと家庭裁判所への申請書類をつくってもらった方が、ことがスムーズに進む。裁判所での検認の際には、相続人全員に出頭要請があり、裁判官から自筆遺言書が本人の筆跡で書かれているかどうかの質問がおこなわれる。自筆遺言に遺言執行者の指定がない場合は、検認手続きの終了後、同じ家庭裁判所に遺言執行者の選任願を提出する必要がある。遺言執行者に選任された者は、相続終了後、相続人全員に報告をする必要がある。

遺言書がなく、相続人が多数いる場合は、相続が複雑になるので、遺産分割協議がうまくいかないときには、弁護士に相談するのがよいだろう。

相続した不動産の相続登記は司法書士に依頼する。

相続税の申告は、死亡を知ったときから一〇ヵ月以内にする必要があるので、相続税の支払いが必要な場合（財産が多く、法定限度額以上ある場合）は税理士に相談する必要がある。

相続には、財産のすべてを相続する単純相続と、預貯金などのプラスの財産の範囲内で借金なども相続する限定承認、財産をいっさい相続しない相続放棄の三種類がある。相続財産のリストをつくって借金などマイナスの財産が多い場合には、限定承認、あるいは相続放棄を故人の死から三ヵ月以内に家庭裁判所に申請することができる。申し立てをせず、この三ヵ月をすぎれば単純相続とみなされるので、注意が必要である。

故人に事業収入などがあれば、事業を引き継ぐものが、四ヵ月以内に、最寄りの税務署に所得税の申告（準確定申告）をする必要がある。

また、入籍していない子どもは法定相続人にはなれないが、入籍している非嫡出子は嫡出子の半分の法定相続ができる。胎児が妊娠中に父親が亡くなった場合、お腹の赤ちゃんは相続人になることができる。

財産の相続をめぐって親族で争いが起こり、不和になるケースは多いだけに、相続人間で意見の相違があるようなら、できるだけ弁護士などを入れて穏便に事をまとめた方がいいだろう。

また、相続人がいなくて、「特別縁故者」もおらず、遺言書もないときは、相続財産は民法によって国庫に入ることになるが、その額が二〇一七年には約五二五億円と、五年前の一・四倍に増加している。

C　遺品整理

人の死後、特に故人が一人暮らしの場合は、遺品の整理が重要な課題として後に残されることになる。これは、意外に面倒な作業であるが、遺産相続の協議などが片づいて、遺

よく読まれている遺品整理業者の著書

品を誰がどのくらい貰うかなどが決まってからの方がいいだろう。そうでないと、誰かが独断で遺品の整理を始めて親族間でもめ事が起こったりする可能性があるからである。故人と同居している家族がいる場合は、遺族のイニシアチブで遺品整理が進められるが、故人が一人暮らしだった場合は、貴重品を除いて、遺品整理業者に業務を依頼するケースが最近増えている。

　これについては、二〇〇二年に日本初の遺品整理専門の会社「キーパーズ」（吉田太一社長）が設立され、これに続いて、いくつもの遺品整理業者が会社を発足させ、各会社がインターネットのホームページを開いて競争するなど、遺族自身が整理する代わりに遺品整理業者に頼む動きが強まっている。「キーパーズ」は東京、名古屋、富山、大阪、福岡、北海道、などの都道府県や韓国に支店を構え、年間一五〇〇件以上の遺品整理サービスを提供するようになった。吉田氏の著書『遺品整理屋は見た！』『遺品整理屋は聞いた！　遺品が語る真実』などは、読者からよく読まれている。

インターネットで検索すると、「フォレスト」「遺品整理ネクスト」など多くのホームページがでてくる。また、一般社団法人「遺品整理士認定協会」（認定試験を実施）がつくられ、多くの利用者があるようだ。遺品整理業は、見積もりを提出した後、様々な遺品を扱うので、顧客との事前相談と同時に、粗大ゴミを扱う資格（一般廃棄物収集運搬業）や「古物商」などの資格、解体業者などとのコネクションなど、様々な所との連携も必要になってくる。

現金や宝飾品などの貴重品の処理については、親族や相続人などとの相談で、分配や形見分けを行うことになるが、これは相続の一環として処理する必要があるだろう。

故人の死後には、以上のような多くの手続きが残るので、これから死に臨む人は「終活」時に、それらのことも想定して準備した方がよいと言えよう。

D　相続税の申告と納付

相続額が非課税限度額以上の場合は、税務署に一〇ヵ月以内に申告し、納付書がきたら遅滞なく納付する必要がある。非課税限度額（基礎控除額）は三〇〇〇万円＋六〇〇万円×法定相続人数である。相続税は期限を一日でも過ぎると延滞料が発生するので注意が必要である。納税額が本来納めるべき額より少なかった場合は修正申告をするが、延滞税や過少申告加算税がかかるので判明したらすぐに手続きをした方がよい。逆に本来より多く納めていた場合には「相続税の更生の請求」を行えば還付を受けられる（期限は相続税の申告期限から五年以内）。数千万円還付される場合もあるといわれる。不動産などがからみ申告が複雑になる場合は税理士と相談した方がよい。

E　遺族年金について

遺族年金は、国民年金法と厚生年金保険法等をもとに、被保険者が死亡した場合に、被保険者によって家計を維持していた遺族（例えば妻や子ども）に対して支給される公的年金のことで、遺族厚生年金と遺族基礎年金の二種類がある。

年金の受給資格と年金支給額は、各人の条件によって異なるので、残された遺族は、被保険者が現役の厚生年金加入者の場合は会社などへ「資格喪失届」を、現役の基礎年金加入者の場合は市町村役場へ「国民年金被保険者死亡届」を提出し、遺族年金の申請方法を相談する必要がある。また、被保険者が年金受給者の場合は、年金事務所に「年金受給者死亡届」を提出し、遺族年金請求の手続きをする必要がある。

遺族年金請求の手続きは複雑なので、事前に年金事務所に行って、遺族年金受給資格があるかどうか、どんな手続きをしたらよいか、相談した方がよい。遺族年金は、残された遺族の生活保障となるものなので、早めにきちんと請求手続きをしたい。

被保険者の子どもの場合は、一八歳まで遺族年金の対象となるが、年金を受給している被保険者の妻が遺族年金受給者になる場合は、生涯夫の年金額の約三分の二の遺族年金がもらえるので、総額としては相当大きい額になり、生活の支えになる。

参考文献

青木新門『納棺夫日記』文藝春秋、一九九六年
アリエス、フィリップ『死と歴史』みすず書房、一九八三年
アリエス、フィリップ『図説　死の文化史』日本エディタースクール出版部、一九九〇年
「伊勢物語」（『日本古典文学全集』第八巻）小学館、一九七二年
安藤喜代美『現代家族における墓制と葬送』学術出版会、二〇一三年
一条真也『葬儀は必要！』双葉社、二〇一〇年
一条真也『墓じまい、墓じたくの作法』青春出版社、二〇一五年
五木寛之『親鸞』上下、講談社、二〇一一年
伊藤唯真編『浄土の聖者空也』吉川弘文館、二〇〇五年
稲田務・太田典礼編『葬式無用論』葬式を改革する会、一九七二年
井上章一『霊柩車の誕生』朝日文庫、二〇一三年
井上治代『いま葬儀、お墓が変わる』三省堂、一九九三年
井上治代『最期まで自分らしく』毎日新聞社、二〇〇〇年
井上治代『墓と家族の変容』岩波書店、二〇〇三年
井上治代『子の世話にならず死にたい』講談社、二〇〇五年
井上治代『より良く死ぬ日のために』理論社、二〇一〇年
井上治代『桜葬――桜の下で眠りたい』三省堂、二〇一二年
井上理津子『いまどきの納骨堂』小学館、二〇一八年
岩田重則『墓の民俗学』吉川弘文館、二〇〇三年
岩田重則『戦死者霊魂のゆくえ』吉川弘文館、二〇〇三年
岩田重則『「お墓」の誕生』岩波書店、二〇〇六年

上田裕文『こんな樹木葬で眠りたい』旬報社、二〇一八年
上田紀行『がんばれ仏教！』日本放送出版協会、二〇〇四年
上野千鶴子『男おひとりさま道』法研、二〇〇九年
鵜飼秀徳『無葬社会』日経ＢＰ社、二〇一六年
鵜飼秀徳『仏教抹殺』文藝春秋社、二〇一八年
太田宏人『逝く人・送る人葬送を考える』三一書房、二〇〇八年
大林太良『葬制の起源』角川書店、一九七七年
奥山晶子『「終活」バイブル』中央公論社、二〇一三年
柿田睦夫『現代葬儀考』新日本出版社、二〇〇六年
柿田睦夫『悩み解決！　これからの「お墓」選び』新日本出版社、二〇一三年
勝田至『死者たちの中世』吉川弘文館、二〇〇三年
勝田至編『日本葬制史』吉川弘文館、二〇一二年
川上知紀『葬儀社だから言えるお葬式の話』日本経済新聞出版社、二〇一四年
『魏志倭人伝、後漢書倭伝、ほか』岩波文庫、一九八五年
菊地章太『葬儀と日本人――位牌の比較宗教史』筑摩書房、二〇一一年
北康利『白洲次郎占領を背負った男』講談社、二〇〇五年
景戒「日本霊異記」（『日本古典文学全集』第六巻）小学館、一九七五年
国立歴史民俗博物館・山田慎也編『近代化のなかの誕生と死』岩田書院、二〇一三年
小谷みどり『変わるお葬式、消えるお墓』岩波書店、二〇〇〇年
小谷みどり『お墓どうしたら？　事典』つちや書店、二〇一五年
小谷みどり『だれが墓を守るのか』岩波書店、二〇一五年
小谷みどり『〈ひとり死〉時代のお葬式とお墓』岩波書店、二〇一七年
児玉真美『死の自己決定権のゆくえ』大月書店、二〇一三年

参考文献

五来重『先祖供養と墓』角川書店、一九九二年
五来重『葬と供養』東方出版、一九九二年
此経啓助『明治人のお葬式』現代書館、二〇〇一年
此経啓助『都会のお葬式』NHK出版、二〇〇二年
小松茂美編『日本絵巻大成七　餓鬼草子』中央公論社、一九八八年
佐江衆一『わが屍は野に捨てよ』新潮社、二〇〇二年
佐々木宏幹『聖と呪力の人類学』講談社、一九九六年
佐々木宏幹『「ほとけ」と力』吉川弘文館、二〇〇二年
沢村貞子『老いの道づれ　二人で歩いた五十年』岩波書店、一九九五年
島田裕巳『戒名（増補新版）』法蔵館、二〇〇五年
島田裕巳『葬式は、要らない』幻冬舎、二〇一〇年
島田裕巳『墓は造らない』大和書房、二〇一一年
島田裕巳『脱しきたりのススメ』毎日新聞社、二〇一三年
島田裕巳『0葬』集英社、二〇一四年
島田裕巳『お経のひみつ』光文社、二〇一五年
島田裕巳『葬式格差』幻冬舎、二〇一八年
ジャンケレヴィッチ・V『死』みすず書房、一九八八年
新谷尚紀『日本人の葬儀』紀伊国屋書店、一九九二年
新谷尚紀『お葬式　死と霊の日本史』吉川弘文館、二〇〇九年
新谷尚紀『葬式は誰がするのか　葬儀の変遷史』吉川弘文館、二〇一五年
末木文美士『日本仏教史』新潮社、一九九二年
鈴木岩弓・森謙二編『現代日本の葬送と墓制』吉川弘文館、二〇一八年
葬送の自由をすすめる会編『〈墓〉からの自由』社会評論社、一九九一年

葬送の自由をすすめる会編『自然葬ハンドブック』凱風社、二〇〇五年
葬送を考える市民の会編『女たちのお葬式』太田出版、二〇一二年
高井としを『わたしの「女工哀史」』岩波書店、二〇一五年
高橋繁行『葬祭の日本史』講談社、二〇〇四年
高橋卓志『寺よ、変われ』岩波書店、二〇〇九年
武光誠『日本人は先祖をどう祀ってきたか』河出書房新社、二〇一八年
田代尚嗣『葬式にお坊さんは要らない』日本文芸社、二〇一一年
田中燦『青山霊園』東京都公園協会、一九八一年
圭室諦成『葬式仏教』大法輪閣、一九六四年
圭室文雄『日本仏教史　近世』吉川弘文館、一九八七年
千坂嵃峰・井上治代編『樹木葬を知る本』三省堂、二〇〇三年
富永仲基「出定後語」(『日本の名著』一八巻)中央公論社、一九七八年
内藤理恵子『あなたの葬送は誰がしてくれるのか』興山舎、二〇一七年
中江兆民『三酔人経綸問答』岩波書店、一九六五年
中江兆民『一年有半・続一年有半』岩波書店、一九九五年
中島隆信『お寺の経済学』東洋経済新報社、二〇〇五年
中田ひとみ『日本のお葬式はどう変わったか』彩流社、二〇一三年
中村生雄・安田睦彦編『自然葬と世界の宗教』凱風社、二〇〇八年
中村三郎『お墓なんて、いらない』経済界、二〇一〇年
中村元訳『ブッダ最後の旅』岩波書店、一九八〇年
「日本三代実録」(『国史大系』四)吉川弘文館、一九六六年
日本消費者協会『第一一回葬儀についてのアンケート調査』、二〇一七年
日本葬送文化学会編『火葬後拾骨の東と西』日本経済評論社、二〇〇七年

参考文献

芳賀登『葬儀の歴史』雄山閣出版、一九九一年
碑文谷創『お葬式の学び方』講談社、一九九四年
碑文谷創『死に方を忘れた日本人』大東出版社、二〇〇三年
ひろさちや『お葬式をどうするか』ＰＨＰ研究所、二〇〇〇年
藤井正雄『お墓のすべてがわかる本』プレジデント社、一九九一年
藤井正雄『骨のフォークロア』弘文堂、一九八八年
藤井正雄ほか編『家族と墓』、早稲田大学出版部、一九九三年
藤井正雄『戒名のはなし』吉川弘文館、二〇〇六年
フロイス、ルイス『完訳フロイス日本史』中央公論新社、二〇〇〇年
星野哲『終活難民』平凡社、二〇一四年
細井和喜蔵『女工哀史』岩波文庫、一九五四年
細井和喜蔵『奴隷』岩波文庫、二〇一八年
細井和喜蔵『工場』岩波文庫、二〇一八年
細野雲外『不滅の墳墓』巌松堂書店、一九三二年
牧野恭仁雄『納得いくお葬式は二〇万円からできる』主婦の友社、二〇〇八年
槇村久子『お墓と家族』朱鷺書房、一九九六年
槇村久子『お墓の社会学』晃洋書房、二〇一三年
町田宗鳳『前衛仏教論』筑摩書房、二〇〇四年
松島如戒『死ぬ前に決めておくこと』岩波書店、二〇〇二年
松濤弘道『世界の葬式』新潮社、一九九一年
松濤弘道『世界葬祭事典』雄山閣、二〇一〇年
「萬葉集（二）」（『日本古典文学全集』第三巻）小学館、一九七二年
三浦尊明『戒名って高い？　安い？』日新報道、二〇一三年

宮元啓一『仏教の謎を解く』鈴木出版、二〇〇五年
村井幸三『お坊さんが困る仏教の話』新潮社、二〇〇七年
村越英裕『ほんとうは大事な「お葬式」』大法輪閣、二〇一〇年
村田ますみ編『海へ還る　海洋散骨の手引き』啓文社書房、二〇一八年
森岡清美・望月嵩編『新しい家族社会学』四訂版、培風館、一九九七年
森謙二『墓と葬送の社会史』吉川弘文館、二〇一四年
森謙二『墓と葬送のゆくえ』吉川弘文館、二〇一四年
森浩一『天皇陵古墳への招待』筑摩書房、二〇一一年
森茂『世界の葬送・墓地――法とその背景』法律文化社、二〇〇九年
安田睦彦『墓は心の中に』凱風社、二〇一〇年
柳田国男「葬制の沿革について」(『柳田国男全集』一二）筑摩書房、一九九〇年
柳田国男「先祖の話」(『柳田国男全集』一三）筑摩書房、一九九〇年
柳田国男「明治大正史　世相編」(『柳田国男全集』二六）筑摩書房、一九九〇年
山折哲雄『死の民俗学』岩波書店、一九九〇年
山折哲雄『死者と先祖の話』角川書店、二〇一七年
山崎譲二『手元供養のすすめ』祥伝社、二〇〇七年
山田慎也『現代日本の死と葬儀』東大出版会、二〇〇七年
山田慎也・鈴木岩弓編『変容する死の文化』東大出版会、二〇一四年
洋泉社編集部『知っておきたい日本人のお葬式』洋泉社、二〇一四年
吉川美津子『お墓の大問題』小学館、二〇一六年
吉田太一『遺品整理屋は聞いた！　遺品が語る真実』青春出版社、二〇〇八年
吉田太一『遺品整理屋は見た！』扶桑社、二〇〇九年
和久田薫『「女工哀史」の誕生』かもがわ出版、二〇一五年

私と葬儀（あとがきに代えて）

私が、葬儀とお墓について書くことになった経緯は、自分自身の家族の歴史の中で何度も葬儀を体験したため、人生の締めくくりである葬儀とお墓について、自分の思いを書いて置かねばと思ったことがある。それと自分の死期が近づいている予感も背景にある。その意味で、この本の「あとがき」に代えて「私と葬儀」について若干書いてみたい。

私は山梨県御坂町の農村で、第二次大戦が終わる一年ほど前に生まれ、高校生まではそこで育った。子ども時代の私の家族は合計七人であったが、初めに、祖母、曽祖母が死に（祖父は東京大空襲で行方不明のまま）、一七歳のとき母（交通事故）、二九歳のとき父（くも膜下出血）が死亡した。曽祖母は八〇歳以上まで生きたが、他は皆早死にだった。

父が死亡する一九七二年頃までは、農村ではみんな土葬で、葬儀になると近所の「葬式組」の人たちが総出で私の自宅にきてくれ、手分けして、親戚や寺への連絡、通夜と葬式の準備、墓の穴掘り、参列者への料理づくりなどをしてくれた。

私は長男なので父母の葬儀で喪主を務めたが、自宅での葬儀が終わると、村はずれの共同墓地まで、皆で棺桶をかついで葬列をつくり、墓穴に棺桶を下ろして埋葬した。僧侶は、家での葬儀でお経をあげたあと、墓まで一緒に行き、墓前でも読経してくれた。棺桶の上に最初にスコップで土をかけるのは喪主の役目だったが、それは形だけで、後は穴掘りの人たちが埋葬してくれた。

葬列が村の広場を通る時、硬貨を撒いて近隣の人たちが拾ったのも子ども心に覚えている。私は、参列者や焼香に来る人たち、葬式組の人たちに頭を下げる役割で、その他は全部隣り近所の人たちがしてくれた。葬儀はベルトコンベアのように運ばれたので、参列者に涙を見せないように努力し、夜になって寝床に入ってから泣いたものだ。それが田舎での伝統的な葬式だった。

しかし、こうした葬儀の模様は、私が都会にでて暮らしている間にすっかり変わってしまい、今では自宅で通夜や葬儀をする家はほとんどなくなり、JAが建てた葬儀会館や葬儀社の葬儀場などで通夜、葬儀を行うようになっている。つまり、「葬式組」は解体同然になっている。私が東京に出てきた後、末の妹が家の後を継いだので、私は旦那寺（浄土宗）とは無関係のまま、これまで過ごしてきた。

私が、最後に葬儀の喪主になったのは、三年ほど前に、一人暮らしで子どもがなく晩年は特養ホームに一〇年ほど入っていた伯母が九八歳で死亡したときのことであった。この伯母は、私の学生時代に学資をだしてくれるなど、いろいろ世話になったので、死後の始末をするのは私の役目だった。伯母は、自分の葬儀とお墓のお金は残してくれたので、私は葬儀社と相談して戒名なしの一日葬にし、参列者十数人（高齢なのでそれ以上呼ぶ人はなかった）で家族葬をした。また葬儀と返礼、相続を終えてから、新たに民間墓地に小型のお墓をつくり納骨した。葬儀の時は、他の親戚の目を気にして、葬儀社に僧侶の手配を頼んで読経をしてもらったが、戒名だけは絶対不要と拒否した。しかし僧侶は戒名なしでも結構と了解してくれた。お墓の建立にあたっては、開眼供養で僧侶にお経をあげてもらい、世間並みのお墓開きをした。

だが、その過程で、葬儀はこれでいいのか、墓はこれでいいのか、などと迷うことが多く、結局「定見のないまま、見栄や体裁、世間体に流されてしまったな」と、大きい疑問と後悔の念を後に残すことになった。

これが直接の契機になって、葬儀とお墓はどうあるべきかと真剣に考えはじめ、それから、関係する書籍をいろいろ読みあさり、葬儀社、火葬場、お寺、お墓巡りなどの取材を開始した。私がジャーナリストのせいもあるかも知れない。東京の公営墓地はほとんど見て回ったが、そのあと、新しく出来た永代供養墓や共同墓、樹木葬墓地、散骨の関係者たちにも多数会って話を聞いた。また、この間に多くの親戚、友人の葬儀に出席し、いろいろと考えさせられた。

その中で、「こんなことは、もっと早く知っておくべきだった」「葬送についての世の中の流れはこんなに変わっていたのか」と驚いたり、「自分は葬送についての知識が不足していたので、心ならずも世間の目を忖度してしまった」と反省したりした。

それで、この数年でたまった読書ノートや取材ノートをひっくり返して整理し、それについて自分の意見もつけ加えて本にすることを思い立った。まだ不十分であろうが、これから、近親者たちの葬儀、お墓探しをしようとする人に、最低限このくらいのことは知って行動してもらいたい、と思ったのが本書執筆の強い動機になった。書いているうちに、戒名の問題は妥協せずに真剣に考えなければいけないと思い、特に時間をかけて考えた。

人生にイフはないし、葬儀やお墓づくりでもやり直しはきかないが、多くの人が、葬送のいろいろについて勉強し、自分自身の見解と哲学をもって行動してもらいたいというのが私の願いである。私は結局のところ、「理性と意思」を最優先させる立場をとったが、私の勉強と考察が少しでも、他の人々の参考になれば、と思う。

平成の三〇年を終え「令和」の時代を迎えて、若干感想を述べると、確かに平成の時代に日本の葬儀とお墓の形態やあり方は多様化し、大きな変化が生まれているが、まだ日本の葬送は変革の途上にあり、いっそうの多様化と試行錯誤は避けられないであろう。そして今後も、少なからぬ試練を乗り越えなければならないであろう。

その意味で、本書が、多くの葬送の当事者の意思や願いを実現するための一助となることを切に願っている。

最後に、本書の出版に当たって、同時代社の川上隆社長、校正者の山本恵子さん、その他多くの方々から、援助と協力をいただいたことに感謝を申し上げたい。

（本書の記述の中で、すでに死亡が確認された方は、敬称を省略させて頂いた）

二〇一九年六月　東京都府中市にて　加藤　長

著者略歴

加藤 長（かとう・ひさし）

1944年　山梨県生まれ。1969年　東大文学部卒業。ジャーナリスト。

ベトナム戦争中の1969年〜72年　ハノイ・ベトナムの声放送局で日本語放送。

以後、新聞、雑誌などで取材と編集の仕事にあたる。海外滞在が約10年。その後、協同組合運動、高齢者運動、東京大空襲戦災資料センター建設、民医連運動などに携わる。

著書として『青春のハノイ放送』『苦悩するヨーロッパ左翼への手紙」（花伝社）、『梅の屋の若者たち』（同時代社、小説集）、翻訳書として『すぐカッとなる人びと』（大月書店）などがある。

令和の葬送——戒名はいらない！

2019年7月1日　　初版第1刷発行
2019年8月9日　　初版第2刷発行

著　者　　加藤　長
発行者　　川上　隆
発行所　　株式会社同時代社
〒101-0065　東京都千代田区西神田2-7-6
電話 03(3261)3149　FAX 03(3261)3237
装　丁　　クリエイティブ・コンセプト
組　版　　いりす
印　刷　　中央精版印刷株式会社

ISBN978-4-88683-858-2